공영(共榮) 사회로 인도하는 길

인간의 善한 본성을 회복

장종훈 지음

도서출판 GS인터비전

차 례

서 문

孔子는 기원전 551년에 태어나 기원전 479년 4월 73세의 나이에 세상을 떠난 지금으로부터 약 2500년 전 사람이다. 역사적으로 중국 춘추시대 말엽 魯나라 추읍(陬邑, 지금의 山東 曲阜)에서 태어났다. 성(姓)은 공(孔)이고, 이름은 구(丘)이며, 자(字)는 중니(仲尼)이다. 공자가 살던 시대에는 전통적인 예악이 붕괴되고 도덕이 문란해져서 사회적 혼란과 불안이 가중된 천하무도(天下無道)의 난세였다. 공자는 이런 시대에 사람들을 불행과 고통에서 구제하기 위하여 고민하며 인(仁)을 바탕으로 한 공자사상을 역설했다.

약 2500년 전에 기록된 [論語]는 20편 490여장으로 구성된 방대한 내용의 책이다. [논어]는 제목이 의미하는 것과 같이 공자가 죽은 뒤에 공자의 말씀을 중심으로 하면서 일부 제자들의 말씀을 포함하여 제자들이 논의하여 編纂(편찬)하였기 때문에 꼭 '箴言集(잠언집)' 내지 '語錄集'과 같다. 따라서 [논어]의 각 편의 내용들이 서로 논리적으로 연결되어 있지 않는 것처럼 느껴진다. 또 각 편의 이름은 그 편 내용의 첫 두 글자를 딴 것으로 특별한 뜻이 있는 것은 아니다. 때문에 비록 처음부터 차례대로 읽어도 전체 내용을 이해하기 힘들다. 물론 제자와 문인들이 많은 논의와 고심 끝에 각 편과 장의 체계와 배열을 논리적으로 하였을 것이다. 한편 제자들의 질문에 대하여 공자는 질문한 제자의 성격이나 개성에 따라서 다르게 대답을 하였다. 즉 각 제자들의 특징에 맞게 대답을 했으며 정확한 정의를 내리지 않았다. 예를 들면 [논어]의 중심 사상인 仁

에 대한 여러 제자의 질문에 다양한 형태로 대답했다(제8장 참조). 따라서 소설책과 같이 한 번에 처음부터 끝까지 읽기는 불가능 하다고 할 수 있다.

또 공자가 살았던 당시의 사회적 및 정치적 상황이 현재와 확연히 다를 수 있다. 그럼에도 불구하고 [논어]에 수록된 인간이 지켜야할 인륜도덕이나 가치의 근본은 현재와 같다고 여겨지므로 각 장에 수록된 내용은 모두 소중한 가치가 있고, 우리 삶에 지혜로운 길이 될 수 있는 내용임에 틀림없다. 그러므로 [논어]는 현재의 無禮와 不義가 가득하고 극심한 경쟁으로 人情이 메마른 拜金主義 사회를 人情을 나누고 함께 번영하는 공영(共榮) 사회로 인도하는데 꼭 필요한 책이다. 그러나 내용이 방대하고 공자와 제자의 문답 형식으로 되어 있어서 일반인들이 뜻을 이해하면서 읽기가 쉽지 않다.

출판된 많은 해설서 중에서 朱熹의 [논어집주(論語集註)]와 다산 丁若鏞의 [논어고금주(論語古今註)]를 대비시켜 풀이한 한학자 '김도련' 선생이 지은 [주주금석논어(朱註今釋論語)], [논어] 내용을 중심으로 보다 쉽게 풀이된 조선일보 논설위원을 지낸 논어등반학교 '이한우' 교장이 지은 [논어를 논어로 풀다(以論解論)], 한문문법에 기초하여 풀이한 서울대학교 '유종목' 교수가 지은 [논어의 문법적 이해]를 중심으로 공부하면서 [논어]의 내용 중에서 근본이 되는 내용 위주로 주제별로 모아서 정리하였다. 한편 우리가 희망하는 공영 사회에 도달하기 위하여 사람이 배우고 익혀야할 중요한 인륜 도덕과 가치에 대한 이해를 돕기 위해서 인간이 우주탐험에 사용하는 로켓과 우주선에 비유하여 도식화해 보았다.

점점 사라져가는 인간의 善한 본성을 회복하여 공영 사회로 나아가는 길잡이를 만들려는 일념에서 '述而不作' 하였다. 최상의 내용은 아니지만 지금의 사회를 조금이나마 개선해 보려는 열망에서 부족한 점이 많으나 시도해 보았음을 밝히며 또 넓은 이해를 구한다. 필요에 따라서 주제별로 읽어보고 감동이 생기면 작심하여 [논어] 전체를 읽어보는 출발점이 되는 내용이다. 공감이 생기면 꼭 [논어] 전체를 읽어보기를 희망한다. "술이" 18장에서 공자는 '학문을 좋아해서 분발하느라 먹는 것도 잊고 즐거움이 깊어 근심을 잊어서 늙음이 장차 다가오는 것도 모른다.'고 했다. 또 "위정" 4장에서 공자는 '인생 말년인 예순 살에 귀가 순해졌고(耳順), 일흔 살이 되니 마음이 하고자 하는 바를 따라서 해도 그것이 세상의 법도를 넘지 않았다(從心所慾不踰矩)'고 말했다. 공자와 같이 먹는 것도 잊고 늙음이 다가오는 것도 잊을 정도로 배우기를 좋아하고, 자기 수양이 최고의 경지에 이르러 마음속에 떠오르는 모든 생각이 항상 인간 도리에 자연히 부합되는 인생을 살면 얼마나 좋을지 상상하고 실행하는 즐거움을 누리게 되길 기원한다.

정자(程子)가 말하였다. "오늘날 사람들은 독서를 제대로 할 줄 모른다. 논어를 읽음에, 읽기 전에 '이런 사람'이었는데, 읽은 후에도 '이런 사람'일 뿐이라면 그 사람은 전혀 논어를 읽은 자가 아니다."

"心自閒院" 院長 白雲 장종훈 삼가 씀

책의 구성

[논어]의 방대한 내용 중에서 天下無道의 亂世에서 사람이 사람답게 살아가는 共榮 사회로 인도하는 핵심 내용을 [그림 1]과 같이 로켓과 우주선에 비유하여 도식화해 보았다. 인간이 지구의 중력을 이기고 공기가 없는 우주에 가기 위해서는 인간이 우주선에 탑승하고 로켓에 실려서 우주로 발사된다. 이 때 로켓에 있는 연료가 성공적으로 연소하여 추진력을 얻지 못하면 우주선은 우주에 도달할 수 없다는 것은 명확하다. 로켓에 채워진 연료가 잘 연소되어 추진력을 얻음과 같이 천하무도의 亂世에서 공영 사회로 가기 위해서는 먼저 자신의 수양을 통해서 孝悌, 忠恕, 義, 中庸, 信, 禮와 仁을 이해하고 갖추어 몸소 실행해야 한다.

로켓은 4단으로 구성되어 있고, 일단은 孝悌로 자기를 수양하기 이전에 사람이 갖추어야할 근본이며 仁을 실행하는 시작점이다. 가정에서 먼저 孝悌를 실행하여 점점 타인에게로 실행을 넓혀 가야 한다. 이단은 忠恕로 자기 수양을 통하여 얻어진다. 먼저 자신에게는 자신을 닦고(修己) 최선을 다하는(盡己) 忠이 있고, 타인을 향해서는 자신의 사욕을 버리고(克己) 나와 같은 마음으로 상대를 생각하는(推己) 恕가 있다. 이제 가족에 대한 사랑과 자기 자신의 수양이 충분이 이루어지면 다음은 혈연으로 연결되지 않는 제삼자에게 나아갈 단계이다. 이 경우에는 삼단의 義와 中庸이 일을 제어하는 기준이다. 어떤 일이나 사물을 접하매 있어서 항상 의롭고 마땅함에 견주어 목표에 적중하게 실행함을 나타낸다. 사단의 信과 禮는 원만한 인간관계에 필수적인 연결 고리이다. 말과 마차는 본래 서로 다른 개체로 서로를 연결하는 멍에가 없으면 작동할 수 없는 것과 같이 각각의 사람을 연결하는 고리가 信과 禮 다. 일이삼단을 거치면서 쌓인 德을 통하여 내적으로는 믿음 얻기를 노력하고 외적으로는 禮로써 상대를 대하면 결국 사람을 사랑하고 사람답게 대접하는 仁의 상태 이르게 된다. 또 로켓의 방향을 안정화 시키는 보조 날개가 있는 것과 같이 날개에 해당하는 君子와 제대로 된 爲政者가 필요하다. 이들이 사회를 올바르게 이끌고 나가면 사회는 목표를 향하여 흔들림 없이 전진한다. 공기가 없는 우주에서 승무원이 안전하게 생활하는 공간인 우주선은 각 개인이 仁의 상태에 도달한 경우에 해당된다. 따라서 각 개인은 자기 수양을 통하여 仁을 갖춘 군자가 되기를 노력하고 위정자도 仁을 근본으로 하는 합당한 정치로 나라를 이끌면 인간 사회는 無禮와 不義가 없고 평화롭게 모든 사람이 사람답게 살아가는 共榮 사회가 될 수 있다.

이와 같은 목표를 달성하기 위하여 [논어]의 방대하고 훌륭한 내용 가운데서 앞에서 언급된 孝悌, 忠恕, 義, 中庸, 信, 禮, 仁, 爲政과 君子에 대한 내용을 모아서 그 뜻을 이해하기 쉽게 다음과 같은 순서로 책을 구성했다.

제1장의 省吾身(성오신)에서는 자신의 부족함(무능함)을 인식하고 자신을 더욱 낮추고 수양하기를 결심하여 열심히 배우고 익혀서 그 결과 마지막에는 아름다운 소문과 명성이 있기를 희망하는 인간상을 제시한다.

제2장에서는 仁을 실행하는 근본이 되고 출발점이 되는 孝悌에

대한 다양하고 구체적인 내용을 살펴본다. 또 사람들에게 효제와 덕행을 수양하는 것을 근본으로 하고, 지식 구하는 것을 그 이후의 문제라고 강조하고 있다.

제3장에서는 가족과 친척이 아닌 제삼자에게 다가가기 위하여 각 개인은 수양을 통하여 忠恕로 무장해야함을 강조 한다. 忠은 먼저 자신에게 진실하여 자신을 기만함이 없고 또한 최선을 다하는 것이다(盡己). 恕는 자기 자신의 욕심을 버리고(克己) 나와 같은 마음으로 상대를 생각하는 것이다(推己).

제4장에는 사람으로서 지켜야할 당당한 도리로 일을 선입견 없이 합리적으로 처리하는 원칙인 義에 대한 내용을 정리했다.

제5장에는 치우치지 않고 적중하며 항상 변함이 없음을 의미하는 中庸에 대한 내용이다.

제6장에는 仁 못지않게 중요성이 강조되는 信에 대한 내용이다. 인간관계의 필수적인 연결고리인 信은 자기가 한 말을 성실하게 이행함을 의미한다.

제7장에는 인간의 도덕성에 근거하는 사회적 질서의 규범과 행동의 표준적 절차라 할 수 있는 禮에 대한 내용이다.

제8장에서는 여러 제자들과의 문답 내용을 통하여 [논어]의 핵심 사상인 仁(愛)에 대하여 살펴본다.

제9장은 爲政(국가 경영)에 대한 내용으로 공영 사회를 위하여 위정자들이 취해야할 위정의 목표와 덕목을 알아본다.

제10장은 君子에 대한 내용으로 사회의 지도층에 속하는 군자들이 갖추어야할 덕목을 간략하게 살펴본다.

제11장부터 제14장까지는 공자의 인생목표, 好學하는 자세, 교육 방법, 귀신에 대한 견해 등을 살펴보는 내용이다. 공자의 삶은 우

리가 좇아야할 모범 사례이므로 이 내용을 통하여 조금이나마 공자를 닮아가도록 노력하면 우리가 희망하는 별천지에 이르지 않을까 희망한다.

공자가 살았던 시대에는 종이가 없었으므로 [논어]는 竹簡(죽간)에 쓰인 내용이라 매우 압축되었으리라 여겨진다. 한자 자체가 뜻을 나타내는 글자인데 적은 수의 글자에 내용이 압축되어 있으면 이해하기가 더욱 어렵다. 이런 이유에서 읽고 이해하기 어려운 내용을 비전공자인 일반인이 [논어] 전체를 읽고 이해하기는 더욱 어렵다. 하물며 내용을 기억하여 생활에 응용하기도 더더욱 어렵다. 또한 정자(程子)도 말하였다. "[논어]를 읽음에 다 읽은 뒤에 전혀 아무런 일이 없었던 것과 같은 자도 있으며, 그 가운데 한 두 구(句)를 터득하고 기뻐하는 자도 있으며, 논어를 알고 기뻐하는 자도 있으며, 곧바로 자기도 모르게 손으로 춤을 추고 발로 동동구루는 자도 있다." 이제 보석 같은 [논어]의 句가 잘 정리되어 내용을 기억하기에 훨씬 쉽게 되었다. 가까이 두고 자주 펴봄으로 [논어]의 중요한 내용이 생활의 지침으로 활용되어 모든 사람의 인생이 즐겁기를 기대한다. 주희의 권학시도 시간이 아까우니 학문에 힘쓰도록 권하고 있다.

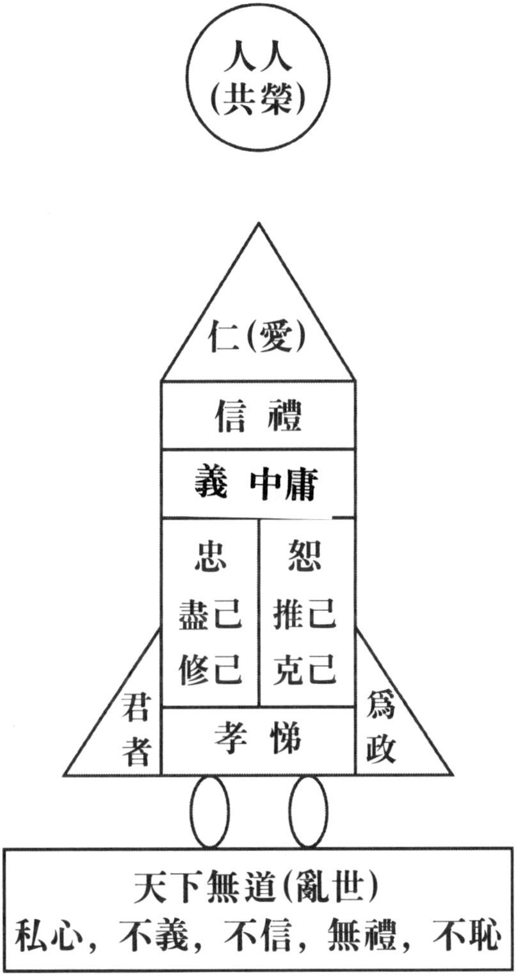

[그림 1] 천하무도의 난세에서 사람이 사람답게 살아가는
공영 사회로 인도하는 우주선

주희의 勸學詩

1. 자신을 돌아봄(省吾身)

'자기를 알아주지 않음을 걱정하지 말고(不患莫己知)
알아줄 만하게 되려고 노력하라(求爲可知也).' – "이인" 14장

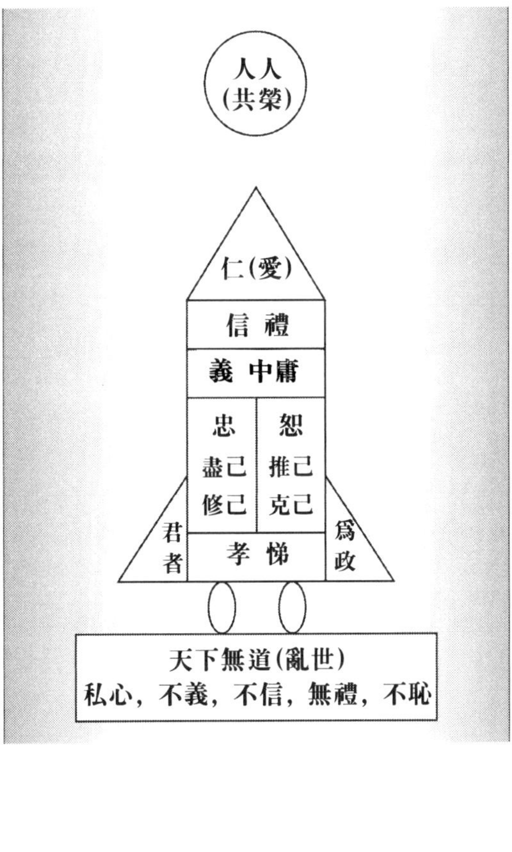

1. 자신을 돌아봄(省吾身)

공자는 [논어]에서 5번에 걸쳐서 사람들이 나를 알아주지 않는 것에 대하여 근심하지 않고(不患 : "학이" 16장, "이인" 14장, "헌문" 32장), 마음 아파하지 않고(不病 : "위령공" 18장), 화내지 않는다(不慍 : "학이" 1장)고 했다. 그러나 오히려 내가 남을 알아주지 못함을 걱정하고(不知人 : "학이" 16장), 능력 없음을 걱정하고(不能 : "헌문" 32장, "위령공" 18장), 알아줄만하게 되게 노력하라(求爲可知 : "이인" 14장)고 강조한다. 심지어 "학이" 1장에서는 남이 알아주지 않더라도 화내지 않는다면 진실로 군자답다고 했다(不亦君子乎). 즉 공자는 [논어]를 통해 다른 사람이 알아주기에 앞서서 자신의 능력 없음을 깨닫고 열심히 자기를 닦아서 덕행으로 이름이 일컬어지도록 노력하라고 설명하고 있다.

1.1 자신을 알아주지 않음(人不知己)

참으로 우려해야 할 것은 다른 사람이 자기를 알아주지 않는 것이 아니라 자신의 재능과 학식이 남들이 알아줄 만한 자격이 있는지 이다. 군자가 취해야 할 태도에 관한 언급이다. 먼저 "학이" 1장에서 공자는 말했다.

'남들이 알아주지 않더라도 속으로 서운해 하는 마음을 갖지 않는다면 진실로 군자가 아니겠는가 (人不知而不慍 不亦君子乎)?'

또 16장에서 오히려 다음과 같이 말했다.

'남들이 자신을 알아주지 않는 것을 걱정하지 말고 (不患人之不己知) 자신이 남을 제대로 알지 못하는 것, 혹은 남을 제대로 알아주지 못하는 것을 걱정하라 (患不知人也).'

더 나아가 "이인" 14장에서도 말했다.

'자기를 알아주지 않음을 걱정하지 말고(不患莫己知) 알아줄 만하게 되려고 노력하라(求爲可知也).'

남들이 자기를 알아주지 않는 것이 타인에 기인하는 것이 아니라 자기 자신에 있다는 것을 강조하며 남이 자신을 알아줄 만한 사람이(可知) 되기 위해 노력하라고 보다 적극적으로 조언한다. 또 공자는 "헌문" 32장에서 말했다.

'남들이 자신을 알아주지 않음을 걱정하지 말고 (不患人之不己知), 자신의 능하지 못함을 걱정해야 한다(患其不能也).'

또 “위령공” 18장에서 공자는 말했다.

‘군자는 자신의 무능함을 병으로 여기고(君子病無能焉), **남들이 자신을 알아주지 않는 것에 대해서는 아파하지 않는다**(不病人之不己知也).’

자신의 무능함을 병으로 여긴다는 것은 실제 무능하다거나 유능하다거나 한 것에 대한 이야기라기보다는 무능해지지 않으려고, 즉 능력을 갖추려고 끊임없이 노력해야 한다는 것이다. 이상과 같이 “학이” 1장, 16장, “이인” 14장, “헌문” 32장, “위령공” 18장에서 비슷한 내용이 나온다. 공자는 남이 알아주기보다는 먼저 남이 알아줄 만한 사람이 되라고 강조하고 있다.

“학이” 4장에서 증자는 말했다.

‘나는 매일 세 가지로 내 자신을 살핀다(吾日三省吾身). **남을 위하여 일을 도모함에 최선의 마음을 다하지 못한 것은 없는가**(爲人謀而不忠乎)**? 벗과 사귐에 믿음을 주지 못한 것은 없는가**(與朋友交而不信乎)**? 스승으로부터 전수 받은 것을 제대로 익히지 못한 것은 아닌가**(傳不習乎)**?’**

증자 자신은 덕을 향해 나아가는 공부에서 스스로 매일 세 가지(忠, 信, 習)에 대하여 자성(自省)한다며, 첫째 남을 위해 최선을 다했는지(忠) 되물었고, 둘째 뜻이 같은 벗들에게 믿음(信)을 주지 못한 점은 없었는지 되살폈고, 셋째 스승 공자로부터 전수받은 文과

行을 제대로 내 몸에 배게 했는지(習)를 되짚었다. 자신을 낮추고 매일 자성하면서 다른 사람이 알아 줄만하게 열심히 수양할 것을 강조한다.

1.2 자신을 먼저 수양(修己)

앞에서 군자는 다른 사람이 알아주지 않는 것을 걱정하지 않고 또 화내지 않는다고 했다. 또 "위령공" 18장에서 '군자는 자신의 무능함을 병으로 여기고 남들이 자신을 알아주지 않는 것에 대해서는 아파하지 않는다'고 했다. 그러나 "위령공" 19장에서 공자는 말했다.

'군자는 죽을 때까지 자신의 이름이 일컬어지지 않는 것을 싫어한다(君子疾沒世而名不稱焉).'

얼핏 보면 19장은 18장의 후반부와 모순되는 듯이 보인다. 그러나 "이인" 14장에서는 자기를 알아줄만하게 되려고 노력하라고 했다. 따라서 제18장과 19장이 대조가 아니라 같은 맥락을 형성하고 있음이 확인된다. 범조우의 풀이다. '군자는 학문을 하여 자신을 위하고 남이 알아주기를 구하지 않는다. 그러나 종신토록 이름이 일컬이지지 않는다면 선을 행한 실제가 없음을 알 수 있다.' 즉 덕행으로 이름을 알리지 못한다면 그 또한 군자라 할 수 없다는 것이다. 이것이 바로 "이인" 14장에서 공자가 말했던 **'알아줄 만하게 되려고 노력하라(求爲可知也)'** 는 것의 핵심이기도 하다. 공자는 진정으로 남이 알아주는 것까지 부정적으로 보지 않았다. 학문을 해야 할 시기에 힘써 공부하여 훌륭한 명성을 남길 것을 권하고 있다.

또 "위령공" 20장에서 공자는 말했다.

'군자는 자신에게서 찾고 소인은 남에게서 찾는다
(君子求諸己 小人求諸人).'

군자는 모든 것이 자신에게서 시작된다고 그 원인을 자신에게서 찾아 자신이 더욱 수양하고 분발하라고 했다. 그러나 소인은 모두 남에게 그 원인을 돌린다. 제18장과 19장을 연결해서 설명하는 양시(楊時)의 풀이다. '군자는 비록 남이 자신을 알아주지 않음을 병으로 여기지 않으나 또한 종신토록 이름이 일컬어지지 않음을 싫어하며, 비록 종신토록 이름이 일컬어지지 않음을 싫어하나 찾는 것은 자기 몸에 돌이키는 것일 뿐이나 소인은 남에게서 찾는다. 그러므로 道를 어기고 명예를 구하기 위하여 못하는 짓이 없는 것이다.' 이 18, 19, 20장은 뜻이 실로 서로 보충되어 군자와 소인의 사람됨과 처세의 기본적인 태도가 다름을 구별해주고 있다.

또 "헌문" 25장에서 공자는 말했다.

'옛날에 배우는 자들은 자신을 갈고 닦는 데 힘썼고
오늘날 배우는 자들은 남에게 인정받는 데 힘쓴다
(古之學者爲己 今之學者爲人).'

'爲己'와 '爲人'에 대한 정이천(程伊川)의 풀이다. '爲己는 (도를) 자기 몸에 얻으려고 하는 것이요, 爲人은 남에게 인정받으려 한다는 뜻이다.' 즉 爲己란 자신의 몸과 마음을 닦는 데 중점을 두는 것이고, 爲人이란 남에게 인정받는 데 중점을 두는 것이다. 그리고 특기해 둘 점은 자신을 갈고닦는 사람은 말을 앞세우지 않는다는 것이다. 반면 남에게 인정받는 데 주력하는 사람은 행동이나 실천보다는 말을 앞세우기 마련이다. 그래서 "옹야" 11장에서 공자는 제자 자하에게 다음과 같이 이른다.

'너는 군자같은 선비(유자)가 될 일이지(女爲君子儒)
소인 같은 선비는 되지 마라(無爲小人儒).'

제자 자하는 藝와 文學을 좋아 했고 또 그만큼 남이 자신을 알아주기를 바랐다. 이에 공자는 자하에게 말하기를 너(女)는 군자다운 유자(儒者)가 되어야지 소인 같은 유자가 되어서는 안 된다고 말한다. 정약용도 '유자는 도를 배우는 사람이니 그 익히는 바의 대상이 시서예악(詩書禮樂)과 전장(典章), 법도(法道)이다. 그러나 그 익힘에 대한 그 마음이 道를 위하면 군자의 儒者이고, 그 마음이 명예를 위하면 소인의 儒者이다'라고 했다.

공자는 항상 남이 나를 알아주지 못함을 걱정하지 말라고 했다. 그런데 "헌문" 37장에서 **'나를 알아주는 이가 없구나(莫我知也夫)'**하고 탄식하듯 말한다. 제자들은 매우 궁금했을 것이다. 이에 자공이 앞장서 질문을 던진다. 이에 대한 공자는 말했다.

**'하늘을 원망하지 않았고 다른 사람을 탓하지 않았으며
아래로 인간사를 배우고 위로 하늘의 이치에 이르렀으니,
나를 알아주는 것은 아마도 하늘뿐일 것이다
(不怨天 不尤人 下學而上達 知我者其天乎).'**

50세에 知天命을 하였다는 공자의 탄식은 나를 알아달라는 뜻이 아니라 마침내 자신에게 주어진 天命을 알게 되었다는 뜻이다. 주희의 풀이다. '이 말씀의 뜻을 깊이 음미해 보면 이 가운데에 진실로 사람들은 미처 알지 못하고 하늘만이 홀로 아는 묘(妙-天命)가 있음을 볼 수 있다.' 공자는 바로 그 묘를 알게 되었음을 탄식조로 이야기한 것이다.

이상에서 군자는 남이 알아주지 않아도 서운한 마음을 갖지 않고("학이"1장), 자신이 준비 되어 있지 않고 능력 없음을 걱정하니 이는 진실로 자신을 위하여 한다는 뜻이 있다. 또 군자는 몸을 마칠 때까지 명성이 세상에 칭송되지 못함을 싫어한다("위령공"19장). "술이" 18장에서 섭공이 자로에게 공자에 관해 물었으나 자로가 대답하지 못하였는데, 공자가 **'너는 어째서 그의 사람됨은 학문을 좋아해서 분발하느라 먹는 것도 잊고 즐거움이 깊어 근심을 잊어서, 늙음이 장차 다가오는 것도 모른다고 말하지 않았느냐?'** 라고 하였으니, 공자는 일찍이 남에게 알려지고 싶지 아니함이 없었다.

2. 孝(仁을 행하는 근본)

'효와 제는 인을 행하는 근본이다

(孝悌也者 其爲仁之本與).' - "학이" 2장

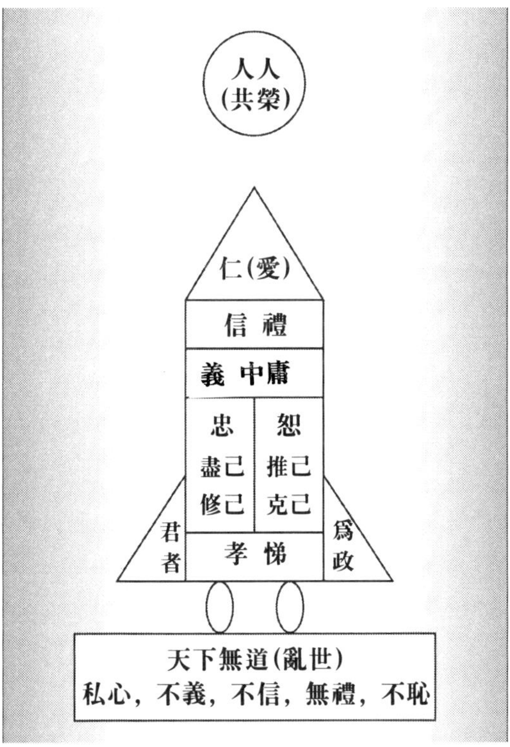

2. 孝(仁을 행하는 근본)

'孝'자는 '老'자 아래에 '子'자가 놓여있는 모습으로 자식이 부모나 조상을 잘 섬김을 나타낸다. '孝'자가 포함된 논어의 문장이나 '효'자가 없어도 효도에 관련된 내용이 포함된 문장은 총20장이며, 이중 단순히 '효'자가 사용된 경우("위정" 20장, "태백" 21장, "선진" 4장, "자장" 20장)를 제외하면 孝에 대한 논의나 설명은 모두 16장에 걸쳐서 이루어졌다. 주로 "학이"편(2, 6, 7, 8, 11장), "위정"편(5, 6, 7, 8, 21장)과 "이인"편(18, 19, 20, 21장)에서 집중적으로 논의되고 있다. 그 외에 "자장"편 18장과 "양화"편 21장이 있다.

2.1 孝悌는 仁을 행하는 근본

먼저 "학이" 2장, "학이" 6장과 "위정" 21장에서 孝悌는 인간 도리의 근본으로 학문에 앞서서 갖추어야할 기본이고, 가정을 가지런히 해야 국가를 다스릴 수 있기 때문에 정치의 출발점이라 한다. 특히 "학이" 2장에서 孝悌는 공자사상의 핵심인 仁을 행하는 근본이라고 한다.

"학이" 2장에서 공자의 제자 유자는 말했다.

'그 사람됨이 효도하고 공경하면서 윗사람을 범하기를 좋아하는 자는 드물다(其爲人也孝弟 而好犯上者 鮮矣).

윗사람을 범하기를 좋아하지 않으면서 난을 일으키기를 좋아하는 자는 없다(不好犯上 而好作亂者 未之有也). 군자는 근본을 힘쓰고 이 근본이 확립되어야 도리가 생긴다(君子務本 本立而道生). 효와 제는 인을 행하는 근본이다(孝悌也者 其爲仁之本與).'

군자는 근본(本)에 힘을 써야(務)한다. 이렇게 해서 근본이 확립되고 나면(本立) 마침내 道가 자연스럽게 생겨나게 된다. 공자 사상의 핵심인 仁도 孝悌에서 출발함을 밝히고 있는 것이다. 또한 보다 구체적인 모습으로 사람됨이 효성스럽고 형제간에 우애가 있는 사람이면 윗사람을 범하기를 좋아하는 자가 드물고, 윗사람을 범하기를 좋아하지 않으면서 난(亂)을 일으키기를 좋아하는 자는 없다고 한다. 극단적으로 말하면 난(亂)이지만 인간의 도리와 사회의 질서를 어지럽히지 않는 다고 생각할 수 있다. 인간 도리도 효제에서 시작된다는 의미이다.

"학이" 6장은 장차 배움을 시작하려는 사람이나 또는 군자가 되기를 바라는 사람들이 지켜야 할 근본을 이야기하고 있다. 文을 배우기에 앞서 도리에 맞는 행실이 선행되지 않는다면 文을 배워봤자 아무 소용없다고 설명하고 있다. 공자는 다음과 같이 말했다.

'어린 사람들은 집에 들어오면 효도하고, 밖에 나가면 공순하며, 행실을 삼가고 말에는 믿음이 담겨야 하며, 널리 사람들을 사랑하되 어진 이를 가까이해야 한다(弟子入則孝 出則弟 謹而信 汎愛衆而親仁).

이런 일들을 몸소 익혀 행하면서도 남는 힘이 있거든 그때 가서 문을 배우도록 하라(行有餘力則以學文).'

공자의 도리에 맞는 행실의 핵심은 집 안에서는 효도(孝道)하고 밖에 나가서는 윗사람에게 공경(恭敬, 弟)해야 한다는 것이다. 또 행동을 할 때는 삼가(謹)야 하고 말에는 믿음(信)이 담겨야 한다. 그리고 널리 사람들을 사랑하되(愛衆) (그 중에서 특히) 어진 이를 가까이(親仁) 해야 한다. 이 세 가지가 몸에 익어 의도하지 않아도 자연스럽게 발현될 수 있을 만큼 되었을 때 비로소 文을 배우도록 말한다. 사람들에게 덕행을 수양하는 것을 근본으로 하고, 지식을 구하는 것은 그 이후의 문제라고 가르치고 있다.

"위정" 21장에서 어떤 사람이 공자에게 **'당신은 왜 정치를 하지 않습니까?(子奚不爲政)'** 하고 물었다. 이에 대하여 공자는 정치란 정치역영에만 국한되는 것이 아니라고 말했다.

'부모에게 효도하고 형제간에 우애가 있는 것도 정치다(惟孝 友于兄弟 施於有政).'

우리의 일상생활에서도 얼마든지 정치가 이뤄지고 있는 것임을 일깨우고 있다. 가정을 가지런히 해야(齊家) 나아가 나라를 다스릴 수 있으므로(治國) 꼭 정치를 관직에 있으면서 할 필요는 없다는 의미이다. 사회구성의 최소 단위인 가정에서 부모에게 효도하고 형제사이에 우애 있게 지내는 것이 공자사상의 핵심인 仁과 政의 출발점이라는 의미이다.

2.2 효도의 구체적 내용

[논어]는 16장에 걸쳐서 孝에 대한 내용을 설명 하고 있다. 핵심 단어로 내용을 요약해보면 奉養(봉양)은 기본이고 "위정" 5장은 '無違', 6장은 '疾憂', 7장은 '不敬', 8장은 '色難', "이인" 18장은 '幾諫', 19장은 '有方', "자장" 18장은 '無改', "학이" 7장은 '竭力' "양화" 21장은 '三年之喪'이라 할 수 있다. 즉 봉양은 기본이요 공경하데 밝은 표정으로 섬기고, 살아 계실 때나 돌아가신 때나 예를 다하고, 자식의 언행이 부모님께 걱정이 되지 않도록 행동하고, 부모님이 키우신 사랑을 생각하여 부모님 섬기기를 기꺼이 온 힘과 예를 다할 것을 설명하고 있다. 자기 안에서 스스로 성찰하여(內自省) 부모가 자식을 사랑하는 마음을 제대로 알지 못하고서는 효를 행하기가 어렵다는 뜻이다.

한 가지씩 차례대로 살펴보면 "위정" 제7장에서 자유가 효에 관해 묻자 공자는 말했다.

'오늘날의 효는 봉양하는 것에만 그치고 있다(今之孝者是謂能養). 봉양하는 데만 힘쓰고 공경하는 마음이 없다면 무엇으로써 개나 말과 구별하겠는가(至於犬馬皆能有養不敬 何以別乎)?'

봉양(養)과 공경하는 마음(敬)이 함께 해야 한다는 뜻이다. 자식이 효도를 다하려면 부모를 봉양하는 데 우선하여 진심으로 존경하는 마음을 가져야 한다고 말하고 있다. 사람이 공경하는 마음 없이 부모를 봉양만 한다면 이는 개와 말에게 음식을 주어 기르는 것과 같다는 것이다.

"위정" 제8장에서 자하가 효에 관해 묻자 공자는 말했다.

'얼굴빛을 온화하게 갖는 것이 어렵다(色難). 힘든 일이 생겼을 때는 아랫사람(弟子, 자식)이 그 수고로움을 떠맡아(服其勞) 하고 술과 밥이 있으면 윗사람(부모)에게 잡수시도록 하는 것은 너무나도 당연한 것인데 어찌 그것을 일러 효라고 할 수 있겠는가 (色難 有事 弟子服其勞 有酒食 先生饌 曾是以爲孝乎)?'

色難에 대하여 두 가지 해석이 있다. 하나는 부모의 안색을 받들어 따르는 것이 어렵다는 것이다. 둘째는 자식의 안색으로 해석하는 경우이다. 부모를 섬길 때 온화한 얼굴과 기쁜 기색을 하는 것이 어렵다는 것이다. 봉양에만 신경 쓰고 공경하는 마음이 함께 하지 않는다면 효를 제대로 다하고 있다고 할 수 없다. 또 봉양과 공경이 함께 하더라도 그런 공경의 마음이 얼굴에 제대로 나타나야지 무뚝뚝한 표정으로 봉양과 공경을 해봤자 효에 이르렀다고 할 수 없다는 뜻이다.

"위정" 제6장에서 맹무백의 효에 대한 질문에 공자는 말했다.

'자식(其)은 부모로 하여금 불의(不義)에 빠질까 근심하게 하지 않고 오직 질병만을 근심케 해야 한다 (父母唯其疾之憂).'

자식 된 도리로서 항상 언행을 조심하여 부모님께 걱정을 끼치지 않고 오직 부모에게 질병만 근심케 해야 효도를 다하는 것이라고 설명하고 있다.

"위정" 5장에서 맹의자가 공자에게 효에 대하여 묻자 공자는 무위(孟懿子問孝 子曰 無違)라 답했다. 그리고 번지가 수레를 몰 때 맹손이 똑 같은 질문을 하여 무위라고 대답했다고 회상한다. 번지가 無違가 무엇이냐는 질문했을 때 공자는 무위는 禮를 어기지 않음을 의미한다고 말한다. 아버지가 살아계실 때는 禮로써 섬기고, 돌아가시면 禮로써 장사 지내고, 禮로써 제사 지내는 것이다. 부모님이 살아계실 때와 돌아가신 때에 모두 예에 어긋나지 않게 부모를 섬기는 것이 효도라는 뜻이다.

'아버지 살아 계실 적에는 예로써 섬기고, 돌아가시면 예로써 장사 지내고, 예로써 제사를 지내는 것을 말한다 (生事之以禮 死葬之以禮 祭之以禮).'

"위정"편의 내용을 요약하면 봉양(奉養)에만 신경 쓰고 공경(恭敬)하는 마음이 함께 하지 않으면 효를 제대로 다하고 있다고 할 수 없고, 또 봉양과 공경이 함께 하더라도 그런 공경의 마음이 얼굴에 제대로 나타나야지 (어쩔 수 없이 한다는) 무뚝뚝한 표정으로 봉양과 공경을 해봤자 효에 이르렀다고 할 수 없다는 말이다. 그리고 부모님이 오직 자식의 질병만 근심하도록 하여 자식의 중요한 행동과 마음가짐 자체가 부모의 걱정하는 마음과 직접 연결되어 있음을 보요 줌으로써 효가 미치는 범위를 크게 넓힌다. 또 부모님이 살아계실 때나 돌아가셨을 때도 항상 예로써 섬기(無違)는 것이 효도이다.

“이인” 18장에서는 부모와의 관계에서 어떤 도리를 취하는 것이 효도의 길인지를 구체적으로 다룬다. 공자는 말했다.

‘부모를 섬기면서 부모께 직언을 올릴 때는 완곡하게 아뢴다(幾諫). 아뢴 말을 따라주지 않는지 부모의 뜻을 살피되 부모의 뜻이 내 말을 따라주지 않아도 부모를 존경해야지 어겨서는 안 되고, 수고로워도 부모를 원망하지 않아야 한다 (事父母幾諫 見志不從又敬不違 勞而不怨).’

부모님께 간언(諫)할 말씀이 있으면 조심조심 말씀(幾諫)을 드리고 부모님이 따르지 않아도 원망하지 않고 공경해야함을 설명하고 있다. 부모를 모시다가(事) 혹시라도 부모에게 잘못이 있어 귀에 거슬릴 수도 있는 말씀을 드려야 할 때는 절대 직간(直諫)을 하지 말고 에둘러서 간접적으로 조심조심(幾)해야 한다. 기간(幾諫)을 했음에도 불구하고 부모의 뜻(志)이 내가 간한 바를 전혀 따르지 않는 것(不從)을 보더라도(見) (실망하지 않고 오히려) 더욱 공경(敬)하고 효성을 다해야 하며(不違), 그렇게 하는 것이 설사 힘들고 수고스럽더라도(勞) 그로 인해 부모를 원망해서는 안 된다(不怨). 18장은 “위정” 5장에서 8장까지 내용에 대한 좋은 사례가 된다.

“학이” 11장(“이인”편 20장은 “학이” 11장 후반부와 동일)에서는 3년 동안 부모의 도를 고치지 않고, 아버지의 신하와 정사(政

事)를 바꾸지 않아야 효라고 할 수 있다고 설명하고 있다. 먼저 "학이" 11장에서 공자는 말했다.

'그의 아버지가 살아 계실 때는 아버지를 향한 그 아들의 뜻을 살피고(父在觀其志), 아버지가 돌아가신 경우에는 그가 하는 행동을 주의 깊게 지켜보아(父沒觀其行), 삼 년이 지나도록 아버지가 살아 있을 때 보여준 도리를 조금도 잊지 않고 따른다면 그것은 효라고 이를 만하다 (三年 無改於父之道 可謂孝矣).'

뜻(志)와 행동(行)이 누구의 것인가가 관건이 된다. 그것을 누구의 것으로 보느냐에 따라서 해석이 완전히 달라진다. 주희를 비롯한 전통적 해석에서는 자식의 뜻과 행동으로 보기 때문에 그것을 살피는(觀) 주체는 제3의 관찰자가 된다. 즉 아버지가 계시면 아들이 마음대로 하지는 못하지만 아들의 뜻만을 알 수 있고 아버지가 돌아가신 뒤에야 그 행실을 볼 수 있다. 따라서 아들의 뜻과 행동(志行)을 살피면 그 사람의 효됨을 알 수 있다. 이렇게 되면 위와 같이 해석이 된다.

반면에 범조우(范祖禹)처럼 살피는 주체를 자식으로 보아 '아버지가 살아 계실 때는 아들이 아버지의 뜻을 존중하고 아버지가 돌아가신 뒤에는 (아버지의 생전의) 행위를 생각한다. 삼년동안 아버지가 걸어온 길을 바꾸지 않고 지킨다면 효라고 할 수 있으리라'라고 해석 할 수도 있다. "이인" 20장도 "학이" 11장의 후반부와 동일하여 '삼년동안 아버지가 걸어온 길을 바꾸지 않고 지킨다면 효라고 할 수 있다'고 공자는 말했다. 전반적인 내용은 '불위(不違)' 또는 '無違'를 강조하고 있다.

"양화" 21장에서 공자는 자식은 태어나서 3년 동안 부모의 보살핌을 받아서 성장해야 겨우 부모의 품을 떠난다며 부모에 대한 삼년의 사랑을 삼년상(喪)에 비유했다. 말재주에 뛰어난 재아(宰我)가 공자에게 한 마디로 삼년상은 너무 기니 일년으로 줄여야 하는 것 아니냐는 것이다. 喪과 관련해서 어떻게 해야 하는지에 대해서 공자는 여러 차례 말한 바 있다("팔일" 3과 4장, "자장" 17장). 재아는 바로 이 점을 망각하고 있었다. 그런데 공자는 재아에게 직접 일러주지 않고 에둘러 말한다. '쌀밥을 먹고 비단옷을 입는 것이 네 마음에 편안하냐?' 이에 재아는 '편안합니다'고 답했다. 화가 난 공자는 말한다. '네가 편안하거든 그렇게 해라'고 말하며 삼년상에 대하여 다음과 같이 말했다.

'자식은 태어나서 3년이 지난 후에 부모의 품을
벗어난다(子生三年 然後免於父母之懷),
삼년상은 천하의 공통된 喪으로 재아는 그 부모에 대한
삼년의 사랑이 있는가
(夫三年之喪 天下之通喪也 予也有三年之愛於其父母乎)?'

결국 공자가 재아를 비롯한 제자들에게 하고 싶었던 말은 "팔일" 3장과 4장에서 나왔다. 여기서 禮나 喪의 문제가 仁과 연결되어 인이 없으면 禮나 喪은 겉치레 행사로 전락할 수밖에 없다고 한다. "팔일" 3장에서 공자가 말했다.

'사람이 어질지 못한데 예를 행한들 무엇 할 것이며(人而不仁 如禮何), 사람이 어질지 못한데 음악을 행해서 무엇 할 것인가(人而不仁 如樂何)?'

또 "팔일" 4장에서 임방의 물음에 대해 공자는 말했다.

'예제를 행할 때 사치스럽게 하기 보다는 차라리 검소하게 하는 것이 낫고(禮與其奢也寧儉), 喪制를 행할 때도 형식적인 겉치레에 치우치느니 차라리 진심으로 슬퍼함이 낫다(喪與其易也寧戚).'

노나라 사람인 임방이 사람들이 예를 행하면서 오로지 번잡하게 가식을 일삼는 것을 비판적으로 생각해 공자에게 예의 근본을 질문했다. 그래서 공자는 그 질문이 훌륭하다(大)고 칭찬했다. 禮制를 행할 때 사치스럽게(奢) 하기보다는(與其 ~ 보다는) 차라리(寧) 검소하게 하는 것이 낫고, 상제(喪制)를 행할 때도 형식적인 다스림(易/治)에 치우치니 차라리 진심으로 슬퍼함이(戚) 낫다고 답한다.

또 "자장" 17장에서도 喪에는 정성을 다해야 한다고 증가가 말했다.

'내가 공자께 듣기를 사람이 스스로 정성을 다함이 없으나 반드시 부모의 상에는 정성을 다한다고 하셨다(吾聞諸夫子 人未有自致者也 必也親喪乎).'

스스로 정성을 다한다는 것은 자발적으로 정성스러운 마음을 갖고서 일과 예를 행하는 것을 말한다. 그런데 솔직히 매사에 이처럼 정성을 다하는 것은 어려운 일이다. 그렇지만 사람으로서 갖춰야할 최소한의 근본(質)이기 때문에 부모의 喪을 당해서는 스스로 정성을 다하지 않으면 안 된다.

"이인" 21장에서는 공자는 부모의 연세에 대하여 이르고 있다.

'부모님의 나이는 반드시 알아야 한다
(父母之年 不可不知也).'

그 이유는 부모의 연세를 떠올릴 때마다 한편으로는(一則) 연세 때문에(以) 기쁘고(喜), 또 한편으로는 연세 때문에 두렵다(懼)는 것이다(一則以喜 一則以懼). 기쁜 이유는 부모님이 살아 계시기 때문이고, 두려운 이유는 연세가 많아지니 노쇠하시어 함께 할 날이 점점 줄어들기 때문이다. 부모와 자식 사이에 사랑이 없으면 공감할 수 없는 일이다.

"이인" 19장에서는 부모가 살아 계시면 멀리 여행해서는 안 되고, 여행을 가드라도 부모님이 자식이 있는 곳을 알아서(父母在 不遠遊 遊必有方) 근심하지 않게 해야 한다고 설명하고 있다. 부모가 살아 계실 때 어겨서는 안 되는(不違) 사례 중의 하나이다. '遊必有方'은 부모님이 반드시 자신이 있는 곳을 알아서 근심을 하지 않게 하려는 것이며, 자기를 부르면 반드시 부모님이 있는 곳으로 오고 못 오는 일이 없게 하기 위해서다.

"학이" 7장은 기본(質)에 더해지는 성심성의(誠心誠意)를 이야기하고 있다. 자하는 네 가지 유형의 사람들에 대해서는 설사 그 사람이 배우지 않았다 하더라도 반드시(必) 배웠다고 할 것이라고 말한다. 그 중에서 한 가지가 부모 섬기기를 기꺼이 온 힘을 다해서 하라고(能竭其力) 이르고 있다. 부모가 자식 생각하는 지극함에 비춰 자식도 그 정도는 아니어도 정성(誠)을 다해 부모를 모시는 마음을 가져야하며, '竭力'은 어버이를 섬기는 데 온 힘을 쏟아 성실히 하는 것이다. 결국 효제는 모든 일에 앞서서 실행해야할 인간의 근본 도리임을 알 수 있다.

"자장" 18장, "태백" 2장과 "위정" 20장에서 효도를 통해서 백성과 신하의 충성과 신임을 이끌어 내는 것을 보여주고 있다. 먼저 "자장" 18장에서 증자는 말했다.

'내가 공자께 듣기를 맹장자의 효는 그 다른 일은 능히 할 수 있으나(吾聞諸夫子 孟莊子之孝也), 아버지의 신하와 아버지의 정사를 바꾸지 않는 것은 능하기 어렵다고 하셨다(其他可能也 其不改父之臣與父之政 是難能也).'

효에는 여러 가지가 있겠지만, 아버지의 신하를 그대로 쓰고 아버지의 정사(政事)를 그대로 계승하는 효는 다른 효와 비교할 바가 못 된다는 것이다. 아버지에 대한 지극한 효를 보임으로써 신하들의 忠을 이끌어 내고 있는 것이다.

“태백” 2장은 군자가 친족들에게 효도하고 공손하면 백성들도 이를 본받아 백성들이 지도자를 신임하다는 의미이다. 공자는 말했다.

‘지도자가 친족들에게 돈독히 하면 곧 백성들 사이에서 어진 마음과 행동이 자연스럽게 생겨나고, 또 새 지도자가 옛 친구 즉 선왕의 옛 신하들을 버리지 않으면 백성들이 배반과 같은 각박한 짓을 하지 않는다
(君子篤於親則民興於仁 故舊不遺則民不偸).’

또 “위정” 20장에서 가혹한 정치를 펼친 노나라 대보 계강자가 어떻게 하면 백성들이 공경하고 충성하도록 권면할 수 있지를 공자에게 물었다. 이에 공자가 대답했다.

‘윗자리에 있는 사람이 부모에게 효도하고 백성에게 자비와 사랑을 베풀면 백성들이 자연히 충성을 다한다(孝慈則忠).’

결국 지도자가 모범을 보이면 백성들에게 어진 마음과 행동이 생겨나서 백성들도 배반과 같은 각박한 짓을 하지 않고 충성을 하게 된다는 뜻으로 효도는 이와 같이 사회 전체를 선행으로 인도하는 근본이다.

3. 忠恕(자기 수양의 목표)

'그것은 恕다. 자신이 하고자 하지 않는 것을 남에게도 베풀지 않는 것이다(其恕乎 己所不欲 勿施於人).'

- "위령공" 23장

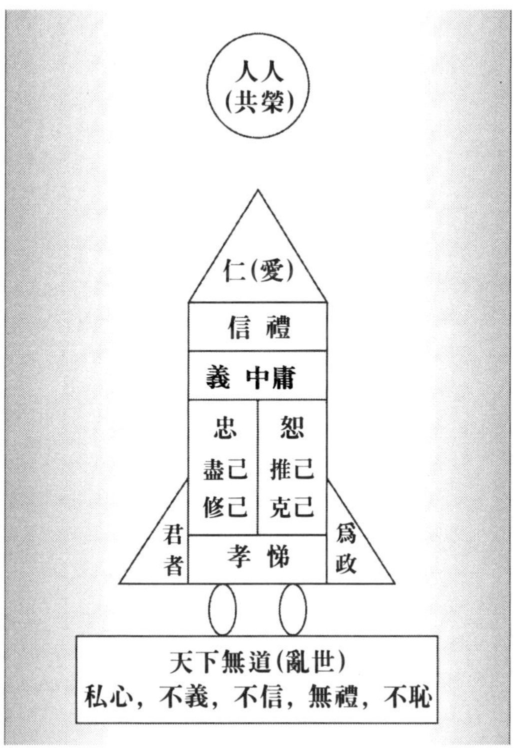

3. 忠恕(자기 수양의 목표)

인간은 각양각색의 모습으로 서로 다른 개성을 가지고 이 땅에 태어난다. 만약 어떤 규율이나 규범이 없으면 이 세상은 매일 서로 다투고 싸우는 험난한 세상이 될 수 있다. 따라서 인간이 이 세상을 살아가면서 지키고 유지하는 규율이 있으면 보다 화목한 세상이 될 수 있다. "위령공" 23장에서 제자 자공이 '종신토록 행할 만한 한마디 말이 있습니까?'하고 질문을 하자 공자는 **'그것이 서(恕)다' 고 대답하고 '자신이 하고자 하지 않는 것은 남에게도 베풀지 않는 것이다(己所不欲 勿施於人)'** 고 풀이 했다. 즉 내 마음에 비추어 보아서 내가 원치 않는 것을 남에게 하지 않는 것이다. 너무나 어려운 일이다. 말은 간단하나 아무나 할 수 없는 것이다. 일반적으로 대부분의 사람은 거꾸로 자신이 하기 싫은 것을 남에게 시킨다. 또 "이인" 15장에서 공자는 자신의 道는 '忠恕'로 나타낼 수 있다고 말한다. 이런 忠恕를 평생 동안 행하기 위해서는 먼저 자신이 수양을 통해서 자신의 사사로움을 이겨야 가능해 진다.

3.1 恕의 의미

'恕'자를 파자(破子)해 보면 '如'가 위에 있고 '心'이 아래에 놓여 있는 모습이다. '如心'을 그대로 풀이하면 '자기 자신의 마음과 똑같이'이다. 주희는 恕에 대하여 내 마음에 미루어 살피면 다른 사람의 마음도 알 수 있다(推己及物)고 설명한다. 즉 내가 싫으면 저 사람도 싫을 것이고 내가 좋아하면 다른 사람도 좋아할 것이라고 추론한다. 이렇게 되기 위해서는 내 마음에 선한 본성이 살아 있어야 가능하다.

'恕'를 가장 잘 표현한 문장은 "위령공" 23장에서 자공의 **'종신토록 행할 만한 한 마디 말이 있습니까(有一言而可以終身行之者乎)?'** 물음에 답하면서 공자는 말했다

'그것은 서(恕)다. 자신이 하고자 하지 않는 것을 남에게도 베풀지 않는 것이다(其恕乎 己所不欲 勿施於人).'

군자가 되려면 반드시 지키기 위해 노력해야 하는 지침 한 마디를 물어본 것이다. 공자는 '그것은 다름 아닌 서(恕)다'라고 말한 다음 그 뜻을 '己所不欲 勿施於人'이라고 풀이한다.

또 "안연" 2장에서 중궁(仲弓)이 이번에는 공자를 향해 직접 仁을 묻자 공자는 다음과 같이 대답했다.

'문을 나서면 큰 손님을 뵈온 듯이 하고, 백성을 부릴 때는 큰 제사를 받들 듯이 하며(出門如見大賓 使民如承大祭), 자신이 하고자 하지 않는 것을 남에게 베풀지 말아야 하니(己所不欲 勿施於人), 이렇게 하면 나라에 있어도 원망함이 없으며, 집안에 있어도 원망함이 없을 것이다(在邦無怨 在家無怨).'

공자는 세 가지를 말해준다. 첫째, 집 밖을 나서면 큰 손님을 뵌 듯이 타인을 공경하고 겸손해 하는 마음을 가질 것을 지적하고 있다. 둘째, 백성을 부릴 때 큰 제사를 지내듯 공경(恭敬)의 마음가짐을 잃지 말라는 것이다. 셋째, 자신이 하고자 하지 않는 것을 남에게 베풀지 말아야 한다(己所不欲 勿施於人)고 한다. 즉 겸손하고 공경(恭敬)하는 자세를 가지고 자기 마음에 비추어 사람들을 대하라는 것이다. 恕에 대한 좀 더 구체적인 내용이며 동시에 仁에 대한 대답으로 恕와 仁은 같은 의미를 가짐을 알 수 있다.

또 다른 표현은 "옹야" 28장에서 자공과의 대화에서 공자는 仁(夫仁者)에 대하여 다음과 같이 설명한다.

'본래 인이란(夫仁者) 내가 일어서고 싶다면 남도 일어서게 해주고(己欲立而立人), 내가 통달하고자 함에 남도 통달하게 하는 것이다(己欲達而達人).'

공자는 인자(仁者)가 어떤 사람인지를 통해 자공에게 仁의 세계를 보여준다. '仁이란 자신이 서고자 함에 남도 서게 하며, 자신이 통달하고자 함에 남도 통달하게 하는 것이다'라고 공자는 말한다. 앞서 "위령공" 23장과 "안연" 2장에서는 자신이 싫어하는 것을 남에게 베풀지 말라는 것이고, 여기서 공자는 자신이 하고 싶은 것이 있다면 먼저 그것을 남에게 베푸는 恕를 말하고 있다. 공자에게는 仁과 恕는 비슷한 경지이다. 공자는 "위령공" 23장, "안연" 2장과 "옹야" 28장을 통해서 仁을 얻는 방법이란 자기 마음에 비추어 남을 생각하는 데 있다고 가르치고 있다.

"이인" 15장에서 제자인 증자(曾子)의 이름 삼(參)을 친근하게 부르며 공자가 말했다.

'나의 도는 하나의 도로써 만물을 꿰뚫는다(吾道一以貫之).'

여기서 공자는 그동안 했던 이야기를 한 마디로 총괄한다. "위령공" 2장에서도 공자가 자공에게 '나는 많이 배우고 그것을 다 기억하는 자라고 생각하느냐?' 묻고 대답으로 **'나는 하나로써 만물을 꿰뚫는다(一以貫之)'** 고 말했다. 다른 제자들은 선문답 같은 이 대화에 어리둥절했다. 그래서 공자가 나가자 제자들은 증자에게 그게 무슨 말이냐고 물었다. 증자는 공자의 도를 알고 있고, 공자 또한 증자만이 자신의 도를 제대로 알고 있다는 것을 알고 있었다. 증자가 대답했다.

'선생님의 도는 충서일 뿐이다(夫子之道 忠恕而已矣).'

공자의 道는 忠恕임을 증자가 다른 제자들에게 설명하고 있다. 공자가 말한 '吾道一以貫之'를 통해서 보면 忠恕는 두 개의 개념이 아니라 하나의 개념이라고 볼 수 있다. 그럼에도 [논어]에서 충서(忠恕)에 대한 직접적인 설명은 단 한 구절도 볼 수 없다. 恕에 대한 내용은 "위령공" 23장과 "공야장" 11장에서 잘 풀이 되었다. 忠에 대한 내용은 여러 곳에 등장하며 내용을 요약하면 忠의 의미는 자신에게 진실하고, 자기가 맡은 일에 최선을 다하고, 윗사람에게 진실하게 최선을 다하는 것이다. 따라서 자기가 忠에 성실하지 못하면 상대에게 恕를 실행할 수 없으므로 恕는 忠을 포함하고 있다고 볼 수 있다.

"공야장" 11장에서 恕의 의미에 가까운 내용이 또 나온다. 知者인 자공이 말했다.

'저는 남이 저에게 억지 쓰는 것을 바라지 않고(我不欲人之加諸我也), 저 또한 남에게 억지 부리기를 바라지 않습니다(吾亦欲無加諸人).'
공자가 말한다. '사야(賜也) 네가 해낼 수 있는 바가 아니다(非爾所及也).'

이 말은 공자 사상의 핵심개념 중 하나인 恕를 뜻하는 '己所不欲勿施於人("안연" 2장, "위령공" 23장)'과 같다. 이 장에서 공자는 정작 자공이 그렇게 하기 위해 애쓰겠다고 하니까 '사(賜, 자공)야 그것은 네가 미칠 수 있는 바가 아니다'고 말한다. 자공이 仁의 실행에 대해 너무 쉽게 생각하자, 더 노력할 것을 권하고 있다.

3.2 忠의 의미

'忠'자는 '中'자와 '心'자가 합한 글자로 마음속에서 우로 나오는 참된 뜻이라는 의미이다. 또 '忠'은 '忠於己'로 나에게 진실한 것을 말한다. 즉 나를 속이지 않고 진실하게 대하는 것이 바로 忠이다. 信도 忠과 같이 진실하다는 뜻인데 다만 대상이 내가 아닌 다른 사람이다. 나에게 진실한 것처럼 다른 사람에게도 똑같이 진실한 것이 信이다. 자기가 한 말을 성실하게 이행함이 信이다. 따라서 나에게도 진실하고 남에게도 진실한 것이 '忠信'이다. 또 주희는 忠을 자기 자신의 몸과 마음을 다하는 것(盡己)이라 했다. 이와 같이 충의 의미는 자신에게 진실하고, 자기가 맡은 일에 최선을 다하고, 윗사람에게 진실하게 최선을 다한다는 의미이다.

[논어]에 등장하는 忠을 정리해 보면 다음과 같다. "학이" 8장에서 군자가 되려면 충신(忠信)을 근본바탕으로 삼아야 한다(主忠信)고 말한다. "자한" 24장에도 '主忠信'이 나온다. "안연" 10장에도 덕(德)을 높이는 방법으로 主忠信하고 의(義)를 지키라고 말한다. "학이" 4장에서 증자는 다른 사람을 위해서 조금의 사심도 없이 진심(忠)을 다했는지 반성했다. "안연" 14장에서 자장이 정치에 대한 물음에 '행할 때는 최선을 다하는 마음으로(忠) 한다'고 했다. "공야장" 18장에서 초나라 재상에 오른 자문의 충성스런 모습을 사례로 들었다. "팔일" 19장에서 공자는 노나라 정공의 물음에 '임금은 신하를 예로써 대하고 신하는 임금을 충으로써 섬겨야 한다'고 답한다. 忠의 의미가 매우 중요하기 때문에 "술이" 24장에서 공자는 제자들에게 '文行忠信' 네 가지를 가르쳤다고 했다.

먼저 "학이" 8장은 군자가 어떠해야 하는지에 대한 기본자세를 이야기한다. 공자는 첫 구절에서 **'군자가 되려는 사람이 진중하지 못하면 위엄을 갖출 수 없고, 배우면 고집불통에 빠지지 않는다(不重則不威 學則不固)'** 고 말했다. 여기의 重은 鎭重함으로 풀이된다. 固는 여기서는 고루하다는 뜻이다. 다음 절에서 공자는 重과 學을 풀어서 다음과 같이 설명한다.

'(늘 진중하면서 배우려는 자세를 잃지 않으려면)
자기 자신에게 최선을 다하고 남들에게 믿음을 주어야 하고,
자기보다 못한 사람과는 벗하지 말며,
허물이 있으면 고치기를 꺼려해서는 안 된다
(主忠信 無友不如己者 過則勿憚改).'

重에 대한 설명으로 진중함을 갖추려면 자기 자신에게 최선을 다하고(忠) 남들에게 믿음(信)을 줄 수 있어야 한다고 말한다. 또 學에 대한 설명으로 널리 사람을 사귀더라도 자기보다 못한 자(不如己者)는 벗하지 말(無友) 것을 이르고 있다. '過則勿憚改'는 '學則不固'에 대한 구체적인 설명으로 자기 자신에게 허물(過)이 있으면 그것을 바로잡는 것(改)을 꺼려서는 안 된다(勿憚)고 강조한다. 즉 자기에게 허물이 있으면 고집불통(固)을 부릴 것이 아니라 바로 고치기를 꺼려서는 안 되기 때문이다. 남보다 자기 자신에게서 문제 해결의 단서를 찾으라고 권하는 것이다. "자한" 24장도 "학이" 8장의 후반부와 내용이 거의 일치한다.

"안연" 10장에서 자장은 德을 높이는 일과 혹(惑)을 분별하는 방법에 대해 물었다. 이에 먼저 공자는 덕을 높이는 방법에 대하여 말한다.

'충(忠)과 신(信)을 주로 함으로써 의로움을 실천하는 것이 덕을 높이는 것이다(主忠信 徙義 崇德也).'

덕을 높이(崇德)는 방법으로 공자는 충(忠)과 신(信)을 주로(主) 함으로써 의로움(義)을 실천하는 것(徙)이라고 말한다. 충신은 태도이고, 義는 지향점이란 관점에서 '主忠信'과 '徙義'를 병렬보다는 종속관계로 보면 '충신을 주로 함으로써 의로움을 실천하는 것'이라고 풀이되며 '主忠信'을 하여 의로움을 실천하는 일이 덕을 높이는 일이다.

"학이" 4장은 증자 자신이 최선을 다하고 있는지 되물으면서 자신을 반성하는 내용이다. 증자는 매일 자신의 몸을 되살피는 세 가지 항목을 나열했다.

'남을 위하여 일을 도모함에 조금의 사심도 없이 진심을(忠) 다하였는가, 뜻이 같은 벗들과 더불어 사귀는 데 믿음을(信) 잃는 행동은 하지 않았는가, 그리고 배운 것을 열심히 복습하지 않았던 것은 아닌가를 점검한다 (爲人謀而不忠乎 與朋友交而不信乎 傳不習乎).'

증자 자신은 덕을 향해 나아가는 공부에서 스스로 매일 자성(自省)한다며 첫 번째로 남을 위해 최선을 다했는지(忠) 되물었다. 즉 사람들에게 스스로 기만함이 없이 전심전력할 것을 훈계하고 있다.

“안연” 14장에서 자장이 공자에게 정치에 대하여 묻자 공자가 대답했다.

‘머물러 있을 때는 조금의 게으름도 없는 것이요, 행할 때는 최선을 다하는 마음으로 한다(居之無倦 行之以忠).’

자장은 “위정”18장에서 관직(祿)을 구하는 법을 물었던 제자로 자로와는 반대로 출세욕이 강하고, 문(文)은 뛰어났으나 질(質)이 제대로 갖춰져 있지 않았던 인물이다. 정이천의 풀이다. ‘자장은 仁이 부족하여 성심으로 백성을 사랑함이 없었으니, 반드시 게을러지고 마음을 다하지 않을 것이다. 그러므로 게으르지 말고 (남을 위해) 행할 때는 최선을 다하라고 말했다.’ 매사에 궁금한 것이 많았던 자장의 장단점을 꿰뚫고 있었던 공자는 자로와는 다른 방향에서 정(政)에 대한 처방을 제시했다.

“공야장” 18장은 초나라 재상인 자문(子文)이 국정에 혼신의 힘(忠)을 다한, 즉 최선을 다하는 사례를 보여주고 있다. 자장이 다음과 같이 물었다.

‘영윤자문은 세 번이나 출사했지만(令尹子文三仕爲令尹) **기뻐하는 표정을 짓지 않았고**(無喜色), **세 번 벼슬을**

**그만두어도(三已之) 노여워하는 기색이 없었으며(無慍色),
물러나면서 전임 영윤의 정사를(舊令尹之政)
반드시 신임 영윤에게 알려주었으니(必以告新令尹)
영윤 자문은 어떻습니까(如何)?'**

이에 공자가 대답했다. **'충성스럽다(忠矣).'** 자문(子文)은 평소에도 기쁨과 성냄을 겉으로 드러내지 않고 국정에 혼신의 힘(忠)을 다한 인물로 알려져 있다.

"팔일" 19장에서 노나라 임금 정공이 공자에게 물었다. **'임금이 신하를 부리고(君使臣) 신하가 임금을 섬기는데(臣事君) 어떻게 해야 하는지요(如之何)?'** 이에 공자는 대답했다

**'임금이 신하를 예로써 부리고(君使臣以禮),
신하가 임금을 충으로써 섬기면 됩니다(臣事君以忠).'**

정공(定公)은 노나라 임금으로 소공(昭公)의 아우이다. 공자를 중용했던 유일한 임금이다. 정공이 이런 질문을 던진 데는 그만한 이유가 있었다. 계환자(季桓子)가 소공을 축출하였는데, 소공은 건후에서 죽었으니 계환자의 신하답지 못함이 극에 달한 것이다. 정공은 아우로서 소공의 뒤를 계승하였으나 스스로 그 지위에 대해 불안해하였으므로 이러한 질문을 하였던 것이다. 그러므로 공자는 임금은 신하를 禮로써 부리고 신하는 임금을 忠으로써 섬겨야 한다고 답한다. 여기서 忠은 윗사람에 대한 盡禮이고 忠誠이다. 여대림(呂大臨)의 풀이다. '군주가 신하를 부림에는 신하가 충성하지 않을

까봐 걱정하지 말고 자신의 禮가 지극하지 못할까봐 걱정해야 하며, 신하는 군주를 섬김에 군주가 禮가 없을까봐 걱정하지 말고 자신의 충성이 부족할까봐 걱정해야 한다.' 모두 상대에 대한 걱정 대신에 책임을 각각 자신에게 돌리고 있다.

"술이" 24장에서 공자는 네 가지를 가르쳤으니 文, 行, 忠, 信(子以四教 文行忠信)이라고 했다. 이제 공자가 구체적으로 어떤 내용을 가르쳤는지가 제시된다. 文이란 "자한" 5장에 나오는 대로 선왕의 모범이 되는 예악과 제도에 관한 글이다(先王之道). 문은 옛 학문(古學)이며 옛 도리(古道)이다. 行이란 德行을 닦는 일을 말한다. 그래서 文과 行은 외적인 면과 관련이 된다. 忠이란 자기 자신을 향해 정성을 다하는 것이다. 信이란 남과 사귐에 믿음을 저버리지 않는 것이다. 程伊川(정이천)은 '문을 배우고 행실을 닦으며 충신을 마음에 보존하게 한 것이니, 그 중에 충신이 근본이다'고 풀이했다.

3.3 말에 忠(言忠信, 言思忠)

"위령공" 5장에서 '말에 충신이 있고(言忠信)'할 때의 충도 진심과 최선을 다하라는 뜻이다. "계씨" 10장에서도 '말을 할 때는 충실함(言思忠)을 염두에 두어야 한다'고 하여 말에는 忠信이 있어야 함을 강조한다.

"위령공" 5장에서 자장이 공자에게 행(行)이란 무엇이냐고 묻는다(子張問行). 자장은 진(陳)나라 사람으로 공자의 제자이며 이름은 師다. 공자로부터 '(매사) 지나치다'는 평을 들었을 만큼 다소 극단적이고 편벽된 인물이다. 이에 공자는 말했다.

'말에 충신이 있고 행동에 돈독한 경건함이 있으면 (言忠信 行篤敬) 그곳이 설사 오랑캐의 나라라 하더라도 덕이나 도가 행해지는 바가 있다 할 것이다(雖蠻貊之邦 行矣).'

공자는 계속하여 말한다. '그 반대라면 설사 문명이 이루어진 나라(州里)라 하더라도 행하여지는 바가 있다고 할 수 있겠는가?' 그만큼 말에 충신이 있어야 함을 강조하고 있다. 여기서 行은 德이 행해지는 거나 道가 행해지는 것이다. 공자의 말이 이어진다.

'일어서면 그것(忠信과 篤敬)이 앞에 참여함을 볼 수 있고, 수레(輿)에 있으면 그것이 멍에(衡)에 기대고 있음을 볼 수 있어야 하니 무릇 이런 후에야 德과 道가 행해졌다고 할 수 있다(立則見其參於前也 在輿則見其倚於衡也 夫然後行).'

주희의 풀이다. '충신과 독경(忠信과 篤敬)을 생각하고 생각하여 잊지 않아서, 있는 곳에 따라 항상 눈앞에 보이는 듯하여, 비록 잠시 동안 떠나려 해도 떠날 수 없어야 하니, 이렇게 한 뒤에야 한 마디 말과 한 가지 행동이 모두 저절로 충신과 독경(忠信과 篤敬)

에서 벗어나지 아니하여 오랑캐 나라에서도 행해질 수 있음을 말씀하신 것이다.'

그러면 수레의 멍에는 무엇을 비유한 것인가? 먼저 정약용의 풀이는 다음과 같다. '수레와 말은 본시 두 물건으로서 서로 연접할 수 없으니 여기에는 반드시 수레 채와 멍에로써 둘 사이를 연결한 뒤에라야 수레가 갈 수 있으며, (사람의 경우에도) 나와 남은 본시 두 몸으로써 서로 연접할 수 없으니 반드시 信과 敬으로써 두 사람 사이를 연결한 뒤에야 행함이 이뤄질 수 있다.' 이 장에서는 공자가 자장에게 충성스럽고 믿음이 있으며 돈후하고 신중한 말과 행동만이 德이나 道를 시행할 수 있음을 가르치고 있다.

"계씨" 10장에서 공자는 군자라면 반드시 어떤 행동거지를 할 때 염두(思)에 둬야 할 아홉 가지를 말하고 있다(君子有九思 視思明 聽思聰 色思溫 貌思恭 言思忠 事思敬 疑思問 忿思難 見得思義). 군자의 바람직한 외모와 내면에 관한 지침이라 할 수 있다. 공자는 다섯째로 '말을 할 때는 충실함(忠)을 염두에 두어야 한다(言思忠)'고 한다. 말에는 충실함이 있어야 그래야 실행에 옮겨지고 신뢰가 생긴다. 나머지 여덟 가지에 대한 내용은 제10장 군자에서 다시 살펴본다.

3.4 윗사람과 친구에 대한 忠

“위정” 20장에서 어떻게 하면 백성들이 충성(忠)을 할 것인가라고 할 때의 忠은 윗사람에 대한 충성이다. “팔일” 8장에서 ‘임금은 신하를 예(禮)로써 부리고, 신하는 임금을 충(忠)으로 섬겨야 한다’고 할 때의 忠도 忠誠이다. “헌문” 19장에서 忠은 아랫사람이 윗사람을 진심으로 모시는 구체적인 사례를 말한다. ‘가르쳐주지 않을 수 있겠는가(能勿誨乎)’라는 말은 윗사람이 잘못했을 때 어찌 일깨워주지 않을 수 있겠는가라는 뜻으로 진실로 충성을 다하는 모습이다. 물론 이 경우도 서로 신뢰가 있어야 가능하다. “자장” 10장에서 믿음이 없이 諫言하면 윗사람은 자신을 헐뜯는 다고 여긴다. “학이” 7장에서 ‘事君能致其身’이라 하여 임금 섬기기를 기꺼이 온몸을 다 바쳐 하라고 이른다. ‘忠’자는 없지만 ‘能致’를 사용하여 윗사람에 대한 섬기기는 자세를 나타낸다.

“위정” 20장은 위정자의 길을 제시한다. 계강자는 노나라의 대부로 가혹한 정치를 펼쳤던 인물로 전해진다. 계강자의 **‘어떻게 하면 백성들이 윗사람을 공경하고 나라와 군주에 충성을 다하도록 권면할 수 있겠습니까?(使民敬忠以勸 如之何)’** 라는 질문에 공자는 다음과 같이 계강자에게 훈계하고 있다.

‘윗자리에 있는 사람이 백성들 앞에서 엄숙하고 위엄(莊) 있게 하면 백성들은 자연히 존경(敬)을 하게 될 것이고 (臨之以莊則敬), 부모에게 효도(孝)하고 백성에게 자비와 사랑(慈)을 베풀면 백성들은 자연히 충성을 다할 것이요

(孝慈則忠), 선량한 사람을 등용시키고(擧善) 불능한 사람을 교화시키게 되면(教) 백성들은 자연히 서로가 권면하게 될 것이다(擧善而教不能則勸).'

장경부(張敬夫)의 풀이다. '이는 모두 내가 마땅히 해야 할 것이지, 백성으로 하여금 공경하고 충직하도록 권면케 하기 위한 것은 아니다. 하지만 이와 같이 하면 그 감응이 그리하려고 기약하지 않아도 그리되는 것이다.' 즉 지도자는 도덕적 수양으로써 백성을 대하도록 강조하고 있다.

다른 해설에서는 계강자의 질문(使民敬忠以勸)에 있는 以를 而로 보고 勸을 부지런하다로 풀어 아래와 같이 해석한다. '백성들로 하여금 경건하고 충성스럽고 부지런하게 하려면 어떻게 합니까? 장중한 태도로 그들에게 임하면 그들이 경건해지고, 효성스럽고 자애로운 태도로 임하면 그들이 충성스러워지며, 훌륭한 사람을 기용하고 무능한 사람은 가르쳐주면 그들이 부지런해집니다.'

앞에서 살펴본 것과 같이 "팔일" 19장에서 노나라 임금 정공이 공자에게 물었다. **'임금이 신하를 부리고(君使臣) 신하가 임금을 섬기는데(臣事君) 어떻게 해야 하는지요(如之何)?'** 이에 공자는 대답했다.

'임금이 신하를 예로써 부리고(君使臣以禮),
신하가 임금을 충으로써 섬기면 됩니다(臣事君以忠).'

여대림(呂大臨)의 풀이와 같이 신하가 충성하지 않을까봐 걱정하지 말고, 자신이 신하에 대한 예를 극진히 하면 신하도 충성으로 군주를 섬긴다는 의미로 윗사람이 먼저 노력하기를 강조하고 있다.

"헌문" 8장은 사랑과 충성에 대한 내용이다.

'누군가(之)를 사랑한다면 그 사람을 위해 얼마든지 수고할 수 있지 않겠는가? 충성(忠)을 다한다면 얼마든지 일깨워줄(誨) 수 있지 않겠는가 (愛之 能勿勞乎 忠焉 能勿誨乎)?'

여기서 사랑(愛)은 윗사람이 아랫사람을 사랑하는 것이다. 정약용이 소개한 채청(蔡清)의 풀이는 그 점을 지적한다. '사랑이란 다만 아비가 자식을 사랑하는 것뿐만이 아니라, 형이 아우를 사랑하고 선비가 벗을 사랑하며 스승이 제자를 사랑하는 것도 또한 이 뜻이 있다.' 따라서 사랑한다고 할 경우에는 마음이나 말에만 그치지 말고 행동이 반드시 뒤따라야 한다. '수고를 해주지 않을 수 있겠는가(能勿勞乎)'라는 말은 바로 그 뜻으로 언행일치의 문맥이다. 그러나 김도연의 [주주금석논어]에서는 '자제 혹은 백성을 사랑한다고 하여 당장의 편안만을 취해 그를 수고롭게 하지 않을 수 있겠는가?'로 풀이했다. 즉 단순히 수고해주는 것을 넘어서 수고롭게도 할 수 있다는 뜻이다.

두 번째 절에서 忠은 아랫사람이 윗사람을 진심으로 모시는 것을 말한다. '가르쳐주지 않을 수 있겠는가(能勿誨乎)'라는 말은 윗사람이 잘못했을 때 어찌 일깨워주지 않을 수 있겠는가라는 뜻이다. 誨는 아랫사람을 가르친다(教)는 뜻이 아니라 간(諫)해야 한다는 뜻이다. 즉 잘 모시되 윗사람에게 잘못이 있을 때는 간하는 것을 두려워하지 말아야 진실로 윗사람에게 忠誠한다는 의미이다. 주희가 인용한 소식(蘇軾)의 풀이다. '누군가를 사랑하기만 하고 그 사람을 위해 수고를 하려 하지 않는 것은 짐승들의 사랑이요, 충성하기만 하고 (충성하는 사람의 잘못을) 일깨워주지 않는다면 여인네와 내시들의 충성이다. 사랑한다면서도 수고를 감내할 줄 안다면 그 사랑이 깊은 것이요, 충성하면서도 일깨워줄 줄 안다면 그 충성은 큰 것이다.'

"안연" 23장에서 자공이 일상의 친구 문제를 묻고 있다(子貢問友). 여기서 우(友)는 벗이라기보다는 군자다운 사귐이라고 보아야 한다. 친구와 사귈 때 무엇을 중시해야 하느냐는 자공의 질문에 대하여 공자는 이렇게 말했다.

'충심으로 말해주고 좋은 쪽으로 잘 인도하되 불가능하면 그만두어서 스스로 욕되지 않게 하여라 (忠告而善道之 不可則止 無自辱焉).'

"이인" 26장에서 자유(子游)가 했던 **'임금을 섬기면서 자주 간하면 욕을 당하게 되고, 붕우 사이에 자주 충고를 하면 서로 소원 해진다(事君數 斯辱矣 朋友數 斯疏矣)'** 는 말과 상통한다. 임금을 섬김에 임금을 위하여 하는 충고 즉 간언과 또 친구를 위하여 하는 충고도 상황에 맞게 적절히 해야지 지나치면 역효과이니 안 하는 것만 못하다. 君臣이나 朋友는 부모나 형제처럼 피로 맺어진 것이 아니라 義로 맺어진 것이다. "이인" 18장에서 부모에게도 은미(隱微)하게 간하다가 듣지 않으면 자신을 돌아보라(內自省) 했다. 하물며 남이나 다름없는 사람들이 만나 義로써 맺어진 군신과 붕우 사이에 더욱 조심함이 있어야 한다. 정약용의 풀이다. '義로써 서로 맺어진 사이라도 경(敬)이 아니면 오래가지 못한다.' 즉 서로 가까워지더라도 예의(禮)는 더욱 지켜야 한다는 뜻이다.

4. 義(일을 제어하는 기준)

'군자는 올바름(義)을 바탕으로 삼아 禮로써 그것을 행한다(君子義以爲質 禮以行之).' - "위령공" 17장

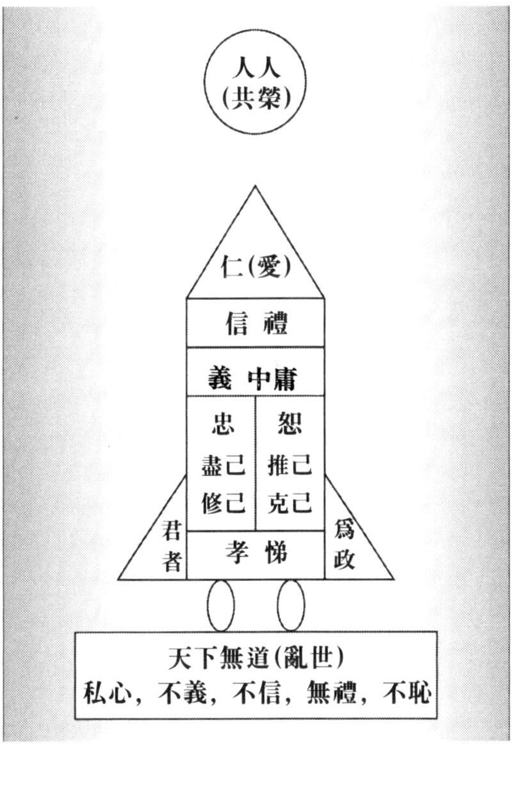

4. 義(일을 제어하는 기준)

주희는 '義는 천리(天理)가 마땅히 하려는 봐요, 利는 인정(人情)이 하고자 하는 바이다'고 풀이한다. 義는 사람으로서 지켜야할 떳떳하고 정당한 도리로 公義(공의)이고, 利는 사리(私利)라 정실에 흘러 公正하지 못할 수 있다. 그러므로 義는 군자가 일을 선입견 없이 극단에 치우치지 않고 합리적으로 처리하는 원칙이라 할 수 있다. 즉 오직 義를 표준으로 삼아서 義하면 행하고 義가 아니면 거역한다. 또 군자가 勇猛만 있고 義가 없으면 亂을 일으키고, 소인은 용맹만 있고 義가 없다면 도둑이 된다. 義를 행하느냐 아니냐에 따라서 용맹의 가치가 결정된다. 이런 義에 대한 논의는 [논어]의 20여장에서 읽을 수 있다.

4.1 義之與比(마땅함에 비유)

"이인" 10장, "이인" 16장, "위령공" 17장, "양화" 23장, "헌문" 13장, "자장" 1장, "계씨" 10장 등에서 군자는 오직 義에 합당하게 일을 처리하고, 이득을 볼 경우에도 이득이 義에 합당한가를 생각하라고 훈계한다. "헌문" 14장에서 공문숙자는 義에 맞은 뒤에야 취하므로 사람들이 싫어하지 않았고, "술이" 15장에서 공자는 의롭지 못하면 富貴는 뜬구름 같게 여겼다는 좋은 사례를 보여주고 있다. 그러나 "자로" 18장에서 공자는 父子之間의 윤리는 義에 앞선다고 하여 아버지는 자식을 위하여 숨겨주고, 자식은 아버지를 숨겨주는 이야기를 사례로 들고 있다.

"이인" 10장에서 군자가 세상에서 일을 처리할 때의 군자의 자세를 이야기한다. 공자는 말했다.

'군자가 세상에 나가면서(君子之於天下也) 한 가지만 옳다고 고집할 것도 없고(無適也) 모두 부정할 것도 없다(無莫也). 오로지 옳고 바른 것만을 좇는다(義之與比).'

군자가 천하에서 살아감에 오로지 주장함도 없고(無適), 그렇게 하지 않음도 없고(無莫), 단지 옳고 바른 것만을 쫓는다는 것이 군자가 일을 처리하는 방법이다. 군자가 일을 처리하는 태도는 극단에 치우치지 않기 위해서 오직 義를 표준으로 삼아서 義하면 행하고 義가 아니면 거역하여 선입견 없이 오직 합리적인 원칙에 입각해야 한다고 말하고 있다. 의지여(義之與)는 의(義)를 강조하고자 맨 앞에 쓴 與義의 변형이다. 比는 주희는 '從之'라 하여 '쫓다'의 뜻으로 보았고, 정약용은 '較'라 하여 '견주다', '비교하다'로 보아 '義'에 비교해서 의로우면 행하고 의롭지 않으면 행하지 않는 것이라고 했다.

"이인" 16장에서 공자는 말했다.

'군자는 의(義)를 깨닫고(君子喻於義),
소인은 이(利)를 깨닫는다(小人喻於利).'

君子와 小人의 행태를 비교함으로써 군자가 가야 하는 길을 정리한다. 군자는 義를 밝히고, 소인은 利를 탐한다고 말하고 있다. 즉 군자는 도의(道義)에 밝아 모든 행위를 도의로써 그 기준을 삼는다. 그러나 소인은 오직 아는 것이 사리(私利) 뿐이어서 이익만을 꾀한다. 풀이하면 군자는 의리(義)나 의로운 행위를 보면서 스스로 느끼는 바가 있어 군자가 가야 할 길을 깨닫는다면, 소인은 이익(利)이 되는 행위를 보면서 스스로 느끼는 바가 있어 소인의 길을 깨닫는다는 것이다. 그러므로 군자와 소인의 구별은 義와 利 두 글자에 있다. 見利思義가 군자의 길이다. 여기서 유(喩)는 호(好)와 같아 '좋아하다', '밝다', '밝히다'의 의미이다. 그냥 좋아하는 게 아니라 왜 좋아하는지 깨우치게 하여 가르쳐 주기까지 한다는 말이다. 깨우쳐 알려준다는 효(曉)와 같다.

"위령공" 17장에서 공자는 말했다.

'군자는 올바름(義)을 바탕으로 삼아 禮로써 그것을 행하고(君子義以爲質 禮以行之), 겸손(孫)으로 그것을 드러내며, 믿음(信)으로써 그것을 이루니, 이러해야 바로 군자라 할 수 있다(孫以出之 信以成之 君子哉).'

군자가 일을 할 때 보여주는 단계라고 할 수 있다. 義란 일을 제어하는 근본이므로 義를 바탕과 줄기로 삼고, 행동할 때는 반드시 예절에 맞게 하며, 표현할 때는 반드시 겸손으로써 하며, 이루기는 반드시 성실하게 해야만 군자의 도이다. 여기서 핵심이 되는 것은 올바름 혹은 의리(義)이다. 義가 근본이면, 나머지 禮나 孫이나 信은 표현이다. 우선 명분을 분명히 하고(義) 올바른 절차에 따라 준비를 한 다음(禮) 겸손하게 일을 추진하는(孫) 동시에 믿음으로써(성실하게) 일을 이루어내야(信) 군자라 할 수 있다는 것이다.

"양화" 23장에서 자로가 공자에게 군자는 용맹을 숭상해야 하는지를 묻는다. 공자는 義를 높여야 한다고 말한다.

'군자라면 의를 높게 받들어야 한다(君子義以爲上).
군자가 용맹만 있고 의가 없으면 난을 일으키고,
소인이 용맹만 있고 의가 없다면 도독 질을 한다
(君子有勇而無義爲亂 小人有勇而無義爲盜).'

군자라는 말 자체와 난을 일으킨다는 것은 모순처럼 보인다. 그래서 주희는 여기서의 군자는 도덕적 수양과는 무관하게 '지위를 가진 자'로서의 군자로 본다. 윤돈(尹焞)의 풀이다. '義를 최고로 삼으면 그 용맹이 크다 할 것이다. 자로가 용맹을 좋아하므로 공자께서 이것으로 그의 잘못을 바로잡아주신 것이다.'

"헌문" 13장에서 자로가 '만일(若) 장무장의 지략(知)과 맹공작의 욕심내지 않음(不欲)과 변장자의 용맹(勇)과 염구의 예술적 재능(藝)을 합친 데에 예악(禮樂)으로써 꾸며낸다면 成人이라 할 수 있습니까?' 하고 완성된 인간(成人)에 대해 묻는다. 정약용은 이를 '네 사람의 장점을 합하여 질(質)로 삼고, 여기에 예악으로 문채를 꾸미는 것(文)'이라고 말한다. 그러나 이런 경지는 너무나도 이상적이고 거의 불가능한 것이라 생각해서일까 공자는 다시 말한다.

'오늘날 성인이라는 것이 어찌 반드시 그런 정도의
인물이어야겠는가(今之成人者 何必然)?
이익을 보면 의리를 생각하고(見利思義),
위태로움을 보면 목숨을 바치며(見危授命),
오랜 약속에 평소의 말을 잊지 않는다면(久要不忘平生之言),
이 또한 성인이라 할 수 있을 것이다(亦可以爲成人矣).'

오늘날의 전인적 인간(成人)은 '見利思義' 즉 이익을 보면 먼저 의리를 생각하는 사람이라고 답한다. 남을 의롭게 하면 바로 그것이 義이고 군자는 남을 의롭게 하는 주인이다.

또 "자장" 1장과 "계씨" 10장에서도 '見得思義'를 이야기 하고 있다. 먼저 "자장" 1장에서 자장은 말했다.

'선비가 위태로움을 보고서 목숨을 바치고(士見危致命),
이득을 보고서 의로움을 생각하고(見得思義),
제사를 지낼 때 공경함을 생각하고(祭思敬),
상을 치를 때 슬픔을 생각한다면 괜찮다(喪思哀 其可已矣).'

선비(士)는 군자보다는 조금 낮은 수준이므로 군자를 향해 나아가기 위한 최소한의 조건인 셈이다. 자장은 일단 命(명), 義(의), 敬(경), 哀(애) 네 가지는 사람이 살아가면서 선비이고자 할 때 반드시 잊어서는 안 되는 것이라고 말한다. 당시의 선비들이 이해(利害)만을 중히 여겨 근본을 망각했기 때문에 힘써 행해야 할 이 네 가지 몸을 세우는 큰 절개만을 얘기한 것이다. 여기서 命은 天命이라고 할 때의 명과는 달리 목숨을 말한다. 도대체 어떤 위태로움이기에 하나밖에 없는 목숨을 바치라고 하는 것일까? 위태로움(危)이란 개인의 위태로움이 아니라 道의 위태로움이다. 따라서 세상에 道가 사라지려고 할 때는 기꺼이 목숨을 던져서라도 막아보려 해야 한다는 것이다. 다음은 의리(義)이다. 똑같은 '見得思義'가 "계씨" 10장에도 등장한다. 義의 반대편에는 利가 있으니 나에게 얻는 것이 있으면 반드시 그 얻음이 사리에 맞는 것인지를 살펴보라는 의미이다.

"헌문" 14장에서도 공자가 공숙문자에 대한 소문을 듣고 공명가에게 공숙문자에 관해서 질문을 하니 다음과 같이 대답했다.

'義에 맞은 뒤에야 취하므로 사람들이 그의 취함을 싫어하지 않는다(義然後取 人不厭其取).'

"술이" 15장에서도 공자는 말했다.

'의롭지 못하면서 부유하고 귀한들(不義而富且貴)
나에게는 뜬구름 같은 것이다(於我如浮雲).'

공자는 부귀에서 즐거움을 느끼기보다는 의로움에서 근원적인 즐거움을 느꼈다.

"자로" 18장은 義에 해당하는 정직함(直)이 때에 따라서는 다르게 인식되는 경우를 보여주고 있다. 섭공이 공자에게 말했다.

'우리 당에 정직하게 행동하는 궁(躬)이라는 사람이 있으니 그의 아버지가 양을 훔치자 그는 아버지가 훔쳤다는 것을 증언하였습니다(吾黨有直躬者 其父攘羊 而子證之).'

얼핏 보면 그 아들의 행동은 의리에 맞는다고 할 수 있다. 아버지라 하더라도 잘못된 일을 했을 때는 지적하는 것이 옳기 때문이다. 이런 섭공의 자랑에 공자는 답했다.

'우리 당의 정직한 자는 이와는 다릅니다. 아버지는 자식을 위하여 숨겨주고, 자식은 아버지를 위하여 숨겨주니 곧음이란 바로 이 가운데 있는 것입니다 (吾黨之直者異於是 父爲子隱 子爲父隱 直在其中矣).'

이유 여하를 막론하고 아버지를 위하는 것이 곧음이라는 것이다. 어찌 보면 섭공과 공자의 대비는 법치(法治)와 덕치(德治)의 차이라고도 할 수 있다. 공자는 부자(父子)의 윤리라는 이치에 입각해 이를 설명한다. 즉 부자지간은 天理와 人情에 따라 서로 숨겨주어야만 비로소 正直이라 할 수 있다고 주장하고 있다. 이는 공자의 윤리 철학이 孝와 慈에 기본을 두고 있음을 알 수 있다.

4.2 義와 勇의 관계

"위정" 24장에서 의로운 것을 보았을 때는 용감하게 꼭 실행 하라고 공자는 훈계한다.

'의로움을 보고서 행동하지 않는다면
그것은 용기라 할 수 없다(見義不爲 無勇也).'

의용(義勇)은 이 같은 상관관계를 맺고 있는 것이다. 또 용맹(勇猛)에는 義가 뒷받침 되어야만 본래의 가치에 이를 수 있고 그렇지 못하면 亂에 이른다.

"양화" 23장에서 자로가 묻는다. **'군자라면 용맹을 숭상해야 합니까?'** 공자는 말했다.

'군자라면 의를 높게 받들어야 한다(君子義以爲上).
군자가 용맹만 있고 의가 없으면 난을 일으키고,
소인이 용맹만 있고 의가 없다면 도독 질을 한다
(君子有勇而無義爲亂 小人有勇而無義爲盜).'

義를 행하느냐 아니냐에 따라서 용맹의 가치가 결정된다. 義를 최고로 삼으면 그 용맹이 크다. 자로가 용맹을 좋아하므로 공자께서 이것으로 그의 잘못을 바로잡아주신 것이다. 義가 머리이고 용기는 꼬리로 아무리 용기 있는 행동도 義가 없으면 亂이 된다.

"술이" 3장에서 공자는 말했다.

덕을 닦지 못함과(德之不修),
학문을 익히지 못함과(學之不講),
의(義)를 듣고도 실행하지 못함과(聞義不能徙),
선하지 못한 것을 고치지 못함(不善不能改),
이 네 가지가 나의 걱정거리다(是吾憂也).'

공자는 반드시 피해야 할 네 가지를 제시 하면서 능히 그것을 따르지 못할까봐 걱정한다는 것이다. 특히 그 중에서 셋째로 의로운 일을 듣고서도 능히 그것을 따르지 못할까봐 걱정한다(聞義不能徙)하여 의로움을 듣고 반드시 용기 있게 행동으로 옮겨야함을 강조하고 있어 義의 실행을 강조했다.

5. 中庸(항상 적중함)

'중용의 덕으로서의 됨됨이는 지극하구나
(中庸之爲德也 其至矣乎).' - "옹야" 27장

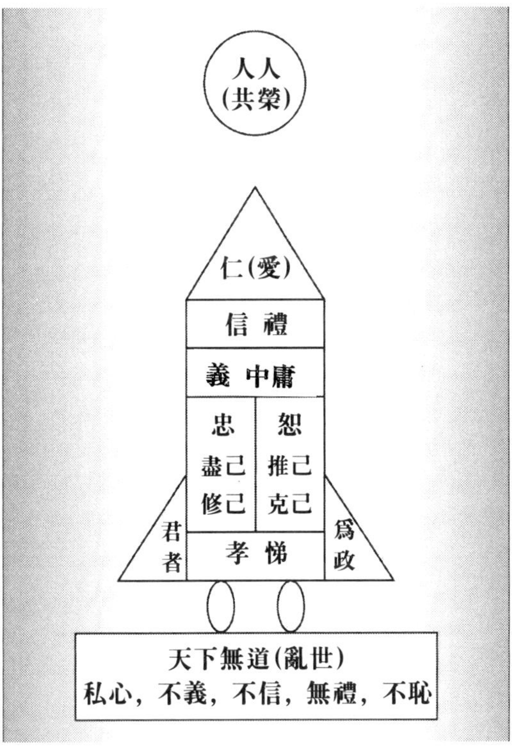

5. 中庸(항상 적중함)

치우치지 않고 적중함이 中이고 변하지 않음이 용(庸)이다. 이런 뜻의 중용(中庸)이란 단어는 [논어]에 단 한번 "옹야" 27장에 나온다. 공자는 말했다.

'중용의 덕으로서의 됨됨이는 지극하구나.
그런데 사람들 가운데는 중용을 오래 지속하는 이가 드물다
(中庸之爲德也 其至矣乎 民鮮久矣).'

여기서 공자는 '중용은 한쪽으로 치우치지도 바뀌지도 않는 덕성으로 최상의 善이며 사리에 꼭 맞는 것인데, 사람들에게 이러한 덕성이 결핍 된지 이미 오래이다'고 하였다. 정이천은 '치우치지 않음을 中이라 하고 변치 않음(不易)을 용(庸)이라 하니, 中은 천하의 바른 道이고 庸은 천하의 정해진 이치(理)이다. 세상의 가르침이 쇠퇴한 후부터 사람들이 중용의 도를 행하는데 興起하지 않아서 이 德을 간직하는 이가 적은 지 오래된 것이다'라고 했다.

"선진" 15장에서는 사람을 평하는 일(知人)에 관심이 많고 사람 비교하기(方人)를 좋아하는 자공(子貢)이 자장(師)과 자하(商)에 대하여 물었다. 공자는 이렇게 답했다.

'자장은 지나치고 자하는 미치지 못한다
(師也過 商也不及).'

그러자 자공은 또 **'자장이 더 낫습니까?(然則師愈與)'** 하고 묻는다. 이에 공자는 **'지나친 것이나 모자란 것이나 다 문제다(過猶不及)'** 이라고 답한다. 주희의 풀이다. '자장(師)은 재주가 높고 뜻이 넓었으나 굳이 어려운 일을 하기를 좋아했으므로 항상 중도(中道)에 지나쳤고, 자하(商)는 독실하게 믿고 삼가며 지켰으나 규모가 협소했으므로 항상 중도에 미치지 못하였다. 이는 중화(中和)나 중용(中庸)의 중요성을 일깨우는 것이다.' 또 이 장에 대한 윤돈(尹燉)의 풀이다. '중용의 덕스러움이 지극하다. 지나침과 미치지 못함이 똑같으니, 처음에는 털끝만 한 차이가 종말에는 천리나 어긋나게 된다. 그러므로 성인의 가르침은 지나침을 억제하고 미치지 못함을 이끌어서 중도(中道)에 돌아가게 할 뿐이다.' 중용에 대한 직접적인 언급은 없으나 '過猶不及'을 사용하여 두 제자의 경우를 설명하면서 중용의 중요성을 일깨우고 있다.

또 "요왈" 1장에서 요(堯)임금이 순(舜)임금에서 임금의 자리를 양위하면서 왕위에 올라서 中和에 힘쓰라고 말하고 있다.

'천명에 따라 왕위를 자식이 아니라 德이 있는 너에게 넘겨주니 부디 中和의 정신을 잃지 말고 통치에 임하라
(天之歷數在爾躬 允執其中).'

통치를 할 때 집중(執中), 즉 지나치거나 모자람이 없는 中和의 길을 잃어서는 안 된다는 점을 분명히 했다. 집중은 한군데로 모으는 것이 아니라 양극단으로 치우치지 않도록 끊임없이 노력하는 것이다.

"요왈" 2장에서 자장은 정치의 여러 형태 중에서 특히 중간자의 정치참여를 의미하는 종정(從政)에 관해 공자에게 묻는다. '어떻게 해야 제대로 정치에 종사할 수 있습니까?' 이에 공자는 실제 정치를 함에 있어서 중용에 해당하는 예를 들어서 설명하고 있다.

'다섯 가지 아름다움을 높이고 네 가지 악을 물리치면 제대로 정치에 종사할 수 있다(尊五美 屛四惡 斯可以從政矣).'

자장이 '다섯 가지 아름다움이 무엇입니까?' 라고 묻자 공자는 이렇게 말했다.

'첫째는 백성에게 은혜를 베풀되 허비하지 않고(惠而不費),
둘째는 백성을 수고롭게 하되 원망을 사지 않고(勞而不怨),
셋째는 하고자 하되 탐하지 않고(欲而不貪),
넷째는 태연하되 교만하지 않고(泰而不驕),
다섯째는 위엄스럽되 사납지 않은 것이다(威而不猛).'

모두 과하지도 않고 모자라지도 않게 하는 중용의 내용이다. 그래서 정약용도 '이 장은 곧 백성을 다스리는 묘결(妙訣)이다'고 말한다. 이어서 자장이 '백성에게 은혜를 베풀되 허비하지 않는다는 무슨 뜻입니까?' 라고 물었다. 공자는 다음과 같이 자세하게 풀이하여 말했다.

'백성이 이로워(利)하는 것을 따라서 이롭게 해주니,
이것이 또한 은혜를 베풀되 허비하지 않는 것이 되지 않겠는가
(因民之所利而利之 斯不亦惠而不費乎)?
수고할 만한 것을 가려서 수고롭게 하니,
또 누가 원망하겠는가 (擇可勞而勞之 又誰怨)?
인(仁)을 하고자 하다가 인을 얻었는데,
또 무엇을 탐내겠는가 (欲仁而得仁 又焉貪)?
군자는 사람이 많거나 적거나 크거나 작거나 관계없이
감히 (남을) 업신여기지 않으니(君子無衆寡 無小大 無敢慢),
이것이 또한 태연하되 교만하지 않는 것이
되지 않겠는가(斯不亦泰而不驕乎)?
군자는 의관을 바르게 하고 시선을 존엄하게 하여
엄연히 사람들이 바라보고 두려워하니
(君子正其衣冠 尊其瞻視 儼然人望而畏之),
이것이 또한 위엄스럽되 사납지 않은 것이 되지 않겠는가
(斯不亦威而不猛乎)?'

6. 信(인간관계의 고리)

'사람에게 신실함이 없으면 그가 무엇을 할 수 있는 사람인지를 알 수 없다(人而無信 不知其可也).' - "위정" 22장

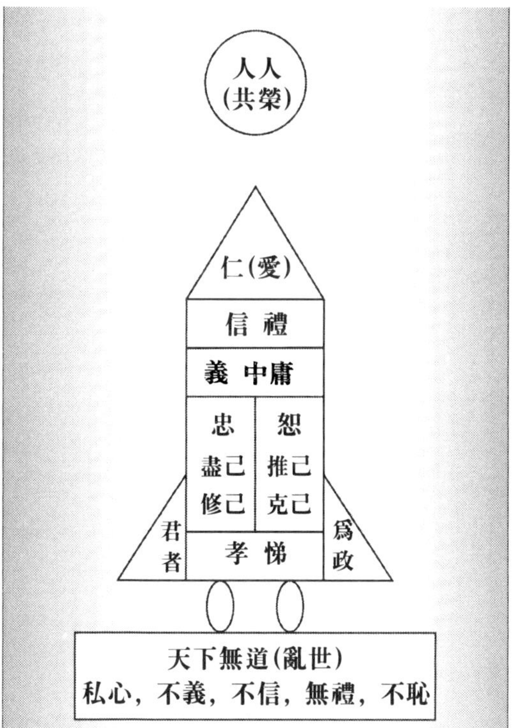

6. 信(인간관계의 고리)

仁 못지않게 중요성이 강조되고 있는 信은 人과 言의 합자로 사람이 하는 말은 믿을 수 있어야 한다는 데서 '믿다'의 뜻을 나타낸다. 信도 忠과 같이 진실하다는 뜻인데 다만 대상이 내가 아닌 다른 사람이다. 나에게 진실한 것처럼 다른 사람에게도 똑같이 진실한 것이 信이다. 자기가 한 말을 성실하게 이행함이 信이다. 따라서 나에게도 진실하고 남에게도 진실한 것이 '忠信'이다. 信은 사람이면 갖추어야할 중요한 덕목이며, 信은 오직 信으로만 교환할 수 있는 사람과 사람이 진정으로 연결될 수 있는 고리이다. 그러므로 사람의 말과 행동에 信이 뒷받침 되지 않으면 무의미하다. "학이"편 4, 5, 6, 7, 8, 13장을 시작으로 信이 포함된 [논어]의 문장은 31장이며, 이중 단순히 믿다, 진실로 등으로 사용된 경우를 제외하면 信에 대한 논의나 설명은 모두 21장이다. "학이" 6장에서 文을 배우기에 앞서서 효도하며 행실을 조심하고 신의를 지키기에 먼저 힘쓰라고 한다. "학이" 13장에서도 항상 사리에 합당한 약속을 하여 지킬 것을 강조한다.

6.1 사람의 근본으로서 信

"위정" 22장과 "태백" 16장에서 사람에게 믿음이 없으면 그 사람을 알 수 없고, 세상에서 어떻게 처신할지 알 수 없다고 한다. 따라서 信은 사람을 평가하는 중요한 기준이다. 또 "위령공" 5장에서 충성스럽고 믿음이 있는 말과 돈후하고 신중한 행동만이 德이나 道를 시행할 수 있음을 가르치고 있다. 공자는 "술이" 24장에서 네 가지 즉 文行忠信을 가르친다고 했다. 이 중에서도 忠信이 사람의 근본이다.

"위정" 22장에서 공자는 말했다.

'사람에게 신실함이 없으면 그가 무엇을 할 수 있는 사람인지를 도무지 알 수 없다(人而無信 不知其可也). 큰 수레고 작은 수레고 간에 수레와 말(혹은 소)을 연결하는 예와 월이 없다면 어떻게 길을 갈 수 있겠는가 (大車無輗 小車無軏 其何以行之哉)?'

첫 구절에서 '人而無信'은 '사람으로서 信이 없으면'의 뜻이고 信은 신실함이다. 즉 사람이면서 믿음이 없으면 그가 세상에서 어떻게 처신할 수 있을지 또는 무엇을 할 수 있는지 알 수 없다. 믿음이야말로 한 개인과 사회를 연결해 주는 너무나도 중요한 고리라는 게 공자의 생각이며 [논어]가 가르치는 핵심 내용이다. 또 사람과의 관계에서 믿음의 중요성을 말과 수레를 연결하는 예(輗)와 월(軏)(또는 멍에)에 비유했다. 말과 수레는 서로 별개의 두 물건으로 예와 월에 의하지 않고는 하나로 연결되어 마차의 기능을 발휘할 수 없다. 이와 마찬가지로 사람의 경우에도 나와 남은 본시 두 몸으로써 서로 연접할 수 없으니 반드시 信으로써 두 사람 사이를 연결한 뒤에야 행함이 이뤄질 수 있다. 따라서 사람의 말과 행동에는 믿음이 있어야 한다.

"위정" 22장에 이어서 "태백" 16장에서도 믿음이 없으면 그 사람됨을 알 수 없다고 한다. 공자는 말했다.

'거만한데다가(狂) 곧지도 못하고, 어리석은(侗)데다가 공손하지도(愿) 못하고(狂而不直 侗而不愿), 무능한데다가(悾悾) 신실함도 없다면 나는 그런 사람을 알 수가 없다(悾悾而不信 吾不知之矣).'

방자하면서 정직하지 아니하고, 무지하면서도 공손하지 아니하고, 무능하면서도 믿음이 없는 사람들에 대해서는 나는 모르겠다고 하여, 단점이 있으면 그에 상응하는 장점이 있는 법인데 그것마저도 없음을 개탄하고 있다. 狂(광), 侗(동), 悾(공)은 단점이고 直, 愿(원), 信은 장점인데 앞에 不자가 붙어 있다. 단점이 있더라도 정직하고 공손하고 믿음이 있으면 그 사람됨을 알 수 있는 데 이마저 없어서 사람됨을 알지 못하는 경우이다. 즉 直, 愿(원), 信은 사람이면 갖추어야 할 기본이다.

앞에서 충에 대하여 살펴볼 때 언급된 "위령공" 5장에서 구체적으로 어떻게 해야 신실한 사람인가에 대하여 설명하고 있다. 먼저 자장이 공자에게 행이란 무엇이냐고 묻는다(子張問行). 공자는 다음과 같이 대답했다.

'말에 충신이 있고 행동에 돈독한 경건함이 있으면(言忠信行篤敬), 그곳이 설사 오랑캐의 나라라 하더라도 덕이나 도가 행해지는 바가 있다 할 것이다(雖蠻貊之邦 行矣).'

여기서 行은 德이나 道가 행해지는 것에 가깝다. 또 공자의 말이 이어진다.

'일어서면 그것(忠信과 篤敬)이 앞에 참여함을 볼 수 있고, 수레(輿)에 있으면 그것이 멍에(衡)에 기대고 있음을 볼 수 있어야 하니 무릇 이런 후에야 德과 道가 행해졌다고 할 수 있다(立則見其參於前也 在輿則見其倚於衡也 夫然後行).'

주희의 풀이다. '충신과 독경(忠信과 篤敬)을 생각하고 생각하여 잊지 않아서, 있는 곳에 따라 항상 눈앞에 보이는 듯하여, 비록 잠시 동안 떠나려 해도 떠날 수 없어야 하니, 이렇게 한 뒤에야 한마디 말과 한 가지 행동이 모두 저절로 충신과 독경(忠信과 篤敬)에서 벗어나지 아니하여 오랑캐 나라에서도 행해질 수 있음을 말씀하신 것이다.' 즉 믿음을 주는 사람은 하는 말이 진실하고 믿음이 있어야 하고(言忠信), 행동에 돈독한 경건함이(行篤敬) 있어야함을 강조한다.

"학이" 6장은 장차 군자가 되기를 바라는 사람들이 지켜야 할 기본(質)에 대한 이야기로 행동을 할 때는 삼가(謹)야 하고 신의를 지켜야 한다고 이른다. 어린 사람들은 文을 배우기에 앞서 도리에 맞는 행실이 선행되지 않는다면 文을 배워봤자 아무 소용없다고 공자는 다음과 같이 말한다.

'어린 사람들은 집에 들어오면 효도하고 밖에 나가면 공손하며, 행실을 삼가고 신의를 지킨다(弟子入則孝 出則弟 謹而信). 이런 일들을 행하면서도 남은 힘이 있거든 그때 문을 배우도록 하라(行有餘力 則以學文).'

"학이" 13장에서 유자가 말했다. 다른 사람과의 약속이 의리(義理)에 가까울 경우, 즉 사리에 합당한 약속을 했을 때의 말은 실행된다고 한다. 따라서 항상 사리에 합당한 약속을 하도록 노력해야 한다. 그래야 약속한 말이 지켜진다.

'남과 한 약속이 사리에 합당하면 그 약속한 말이 반드시 이행될 수 있고(信近於義 言可復也), 남에게 경의를 나타내면서 예절에 맞게 하면 치욕을 멀리할 수 있다(恭近於禮 遠恥辱也).'

신(信)은 약속이고 의(義)는 일의 당연함이다. 복(復)은 말을 이행하는 것이다. 따라서 '信近於義 言可復也'는 다른 사람과 약속을 할 때 그 약속이 사리에 합당하면 그 약속한 말이 실행된다는 의미이다. 공(恭)은 경의(敬意)를 나타낸다. 따라서 '恭近於禮 遠恥辱也'는 사람을 대할 때 공손함이 예절에 맞으면 사람들에게 비웃음을 사는 치욕을 면할 수 있다는 뜻이다. 신(信)과 공(恭)을 잘하는 것은 모두 사람을 접하는 외적인 행실이니, 외적인 행실이 이미 착하고 내적인 행실이 또한 구비되면 그 사람은 높이 존경할 만하다는 뜻이다. 사람을 대할 때 응당 지켜야 할 원칙을 설명하고 있다.

따라서 "술이" 24장에서 공자가 구체적으로 어떤 내용을 가르쳤는지가 제시된다. 공자가 제자들에게 가르친 네 가지란 文(문), 行(행), 忠(충), 信(신)이다(子以四教文行忠信). 程伊川(정이천)은 '문을 배우고 행실을 닦으며 충신을 마음에 보존하게 한 것이니, 그 중에 충신이 근본이다'고 풀이했다.

6.2 말에 信(言必信)

"자로" 20장에서 말 잘하기로 유명했던 자공이 어찌(何如) 하여야 선비(士)라 이를 수 있느냐고 묻는다. 이에 대한 공자의 대답이다.

'먼저 몸가짐에 부끄러움이 있어야 하고, 사방으로 사신이 되어 가서 임금의 명에 욕됨이 없게 한다면 선비라 이를 수 있다(行己有恥 使於四方 不辱君命 可謂士矣).'

부끄러움을 모르는 사람은 하지 못하는 바가 없지만 부끄러움을 아는 사람은 자신의 불선(不善)한 행동을 부끄러워하지 않을 수 없다. 재주만 믿고 자신을 내세우려고만 하지 말고 삼갈 줄 알아야 한다는 뜻이다. 따라서 관직에 나서려는 사람은 바로 그런 맥락에서의 부끄러움이 몸에 배어 있어야 한다는 것이다. 자공의 이어지는 물음(敢問其次)에 공자는 다음과 같이 구체적으로 답한다.

'말에는 반드시 믿음이 따라야 하고, 행동을 하면 반드시 결과가 있어야 한다(言必信 行必果). 그러면 그릇이 작은 소인이라도 그 다음이 될 수 있다(硜硜然小人哉).'

이 말은 곧 말을 하면 반드시 행해야 하기 때문에 말에 믿음이 있어야 한다는 뜻이다. 말하고자 하는 내용을 떠나 일단 말을 하면 실천하고, 행하면 반드시 성과물을 얻어내기를 잘 시행 한다면 이런 소인은 다음 자리를 차지할 만하다고 말하는 것이다. 즉 공자는 벼슬하는 자는 먼저 몸가짐에 부끄러움이(恥)이 있어야(行己有恥) 하고, 또 말에는 반드시 믿음이 따라야 하고(言必信), 행동을 하면 반드시 결과가 있어야 한다(行必果)고 말한다.

"이인" 22장에서 말은 실천 되어야 하기 때문에 옛사람들은 말을 아꼈다고 공자는 말한다.

'옛사람이 말을 아낀 것은(古者言之不出) 몸소 실천하지 못할까봐 부끄러워했기 때문이다(恥躬之不逮也).'

옛날에 사람들이 말을 함부로 하지 않았던 것은 (일단 내뱉고 나면) 몸소(躬) 그 말을 실천하지 못하게 되는 것(不逮)을 부끄러워해서였다. 恥(치)가 핵심으로 언행일치가 되지 않는 것을 부끄러워하는 내면적 부끄러움을 외형적인 부끄러움보다 훨씬 더 중요하게 생각했다. 즉 언행일치가 중요하니 말을 쉽게 내뱉지 말라는 일깨움이다.

또 "헌문" 21장에서 말의 실천을 강조한 공자의 말이다.

'그 말하는 바를 부끄러워할 줄 모른다면,
그것을 실천하는 것은 어렵다(其言之不怍則爲之也難).'

여기서 怍(작)은 恥와 같은 의미이며, 공자가 恥를 말할 때는 대부분 말이 행동보다 앞서는 경우이다. 말하는 바를 행하는 것이 쉬우려면 그 말하는 바를 부끄러워 할 줄 알아야 한다는 것이다. 즉 자신의 능력이나 한계를 모르는 사람이 큰 소리로 이 말 저 말 해대는 것은 믿을 바가 못 된다는 의미이다. 여기서도 공자는 언행일치를 강조하고 있다.

"위정" 18장에서 자장의 벼슬을 얻는 방법에 대한 질문에 공자의 대답이다.

'많이 듣고서 의심나는 것은 제쳐놓고 그 나머지에 대해서만
신중하게 이야기한다면 허물이 적을 것이고
(多聞闕疑 愼言其餘則寡尤),
많이 보고서 위태로운 것은 제쳐놓고 그 나머지에 대해서만
신중하게 행한다면 후회가 적을 것이다
(多見闕殆 愼行其餘則寡悔).'

말에 허물이 적고(言寡尤) 행동에 후회가 적어(行寡悔) 언행의 수양이 이렇게 잘되면 사람들 사이에 신뢰가 생기게 된다. 따라서 자연히 사람들이 추대하게 될 것이니 祿(벼슬)은 저절로 얻게 마련이라는 것이다. 뒤집어 말하면 관리로서 성공하려면 (윗사람과 동료들을 향한) 언행을 조심하여 신뢰를 얻어야 한다는 것이다.

6.3 군자의 덕목으로서 信

"학이" 8장에서 군자는 진중함을 갖추려면 자기 자신에게 최선을 다하고(忠) 남들에게 믿음(信)을 줄 수 있어야 한다고 말한다. 또 "안연" 10장에서 덕을 높이(崇德)는 방법으로 공자는 충(忠)과 신(信)을 주로하고(主) 의로움(義)을 실천하는 것(徙)이라고 말한다. "양화" 6장에서 공자는 통치자가 말을 할 때는 반드시 그것을 지킴으로써 믿음을 줘야 한다는 것을 강조한다. "양화" 8장에서는 작은 信 혹은 부정적 의미를 갖는 信에 대한 설명이 있다. 신의(信義)를 좋아하기만 하고 배움을 좋아하지 않는다면 그 폐단은 일을 그르친다고 한다.

"학이" 8장에서 공자는 군자가 어떠해야 하는지에 대한 기본자세를 이야기한다.

'진중하지 못하면 위엄이 없고, 배우면 고집불통에 빠지지 않는다(不重則不威 學則不固).'

여기의 重은 鎭重함으로 풀이되고 固는 여기서는 고루하다는 뜻이다. 다음 절에서 공자는 重과 學을 풀어서 다음과 같이 설명한다.

'진중함을 갖추려면 자기 자신에게 최선을 다하고(忠)
남들에게 믿음(信)을 줄 수 있어야 하고(主忠信),
자기보다 못한 사람과는 벗하지 말며,
허물이 있으면 고치기를 꺼려해서는 안 된다
(無友不如己者 過則勿憚改).'

군자가 진중함을 갖추려면 主忠信, 즉 자신에게 최선을 다하고(忠), 남에게 믿음(信)을 줄 수 있어야 한다고 훈계하고 있다.

"안연" 10장에서 자장은 德을 높이는 일과 혹(惑)을 분별하는 방법에 대해 물었는데 먼저 덕을 높이(崇德)는 방법으로 공자는 다음과 같이 말했다.

'충(忠)과 신(信)을 주로하고(主)
의로움(義)을 실천하는 것(徙)이 덕을 높이는 일이다
(主忠信徙義 崇德也).'

여기서도 덕을 높이는 방법으로 忠과 信을 주로하고 의로움(議)을 실천할 것을 주문하고 있다.

두 번째 惑을 분별해 내는 방법과 관련해 공자는 전형적인 혹을 이렇게 정의한다.

'누군가를 사랑할 때에는 그를 살리고 싶어 하고 누군가를 미워할 때에는 그가 죽기를 바라니(愛之欲其生 惡之欲其死),

이미 누군가를 살리려 하고 또 죽기를 바라는 것이 바로 혹(惑)이다(既欲其生又欲其死 是惑也).'

누구를 사랑하고 미워하는 애오(愛惡)는 인간에 속하는 정인(人之常情)인 반면 생사(生死)는 천명(天命)에 달려 있어서 바란다고 될 수 있는 것이 아닌 인간을 넘어 있는데 그것을 혼동하니 혹이다. 따라서 불혹은 이를 혼동하지 않는 것이다. 즉 사리 분별력을 갖추는 것이다.

"양화" 6장에서 자장이 인에 대해 묻는다. 공자는 그 다섯 가지로 공손(恭), 너그러움(寬), 믿음(信), 민첩함(敏), 은혜로움(惠)을 능히 행한다면 仁을 행한다고 할 수 있다고 한다. 그러고 나서 공자는 하나하나씩 뜻풀이를 해준다. 信과 관련하여 세 번째 설명에서 신뢰하면 사람들이 따른다 하여 위정자가 말을 할 때는 반드시 말을 지켜야함을 말한다.

'믿음을 주면 사람들이 따른다(信則人任焉).'

여기서 믿음은 말의 믿음이다. 즉 통치자가 말을 할 때는 반드시 그것을 지킴으로써 믿음을 줘야 한다는 것이다("요왈"1장에서 信則民任焉과 유사).

"양화" 8장은 순진하고 직선적이어서 융통성이 부족했던 제자인 자로에게 일깨움을 주기 위한 공자의 말씀이다. 배움(學)이 뒷받침되지 않는 仁, 知, 信, 直, 勇, 剛의 폐단을 하나씩 일깨워 준다. 군자의 덕목 가운데 하나인 信도 배움(學)이 뒷받침되지 않으면 그 폐단은 일을 그르친다고 한다. 즉 작은 信은 오히려 사회 질서를 어지럽히는 데 사용될 수 있다.

'신의라고 하여 하나만 잡고서 배움을 좋아하지 않는다면 그 폐단은 일을 해치는 것이다(好信不好學 其蔽也賊).'

신의(信義)를 좋아하기만 하고 배움을 좋아하지 않는다면 그 폐단은 해치게 되는 것(賊)이다. 적(賊)은 '해치다, 상하게 하다, 죽이다' 등의 뜻을 갖고 있다. 주희는 적(賊)을 사람에 대한 위해라기보다는 일을 그르치게 하는 것으로 풀이한다. 결국 신의를 좋아하기만 하고 배움은 좋아하지 않는다면 그 폐단은 일을 그르치는 것이라는 뜻이 된다. 정약용의 풀이도 배움이 뒷받침 되지 않는 신의는 오히려 부정적 의미를 갖는 고집스러운 신의, 즉 작은 신의라는 뜻이다. 또 賊을 '잔인하다'로 풀이하면 '신의(信義) 하나만 잡고서 변통할 줄 모르면 때로 잔인해 진다'로 해석된다.

여기서는 친구에 대한 신뢰에 대하여 살펴본다. "위정" 22장에서 정약용의 믿음(信)에 대한 풀이에서 수레와 말(혹은 소)은 본시 두 물건으로서 서로 연결할 수 없으니 멍에로써 둘을 연결한 뒤에라야 수레가 갈수 있다고 하여 신뢰를 멍에에 비유하였다. 나와 친구는 혈연관계가 없는 서로 다른 두 개체로 좋은 관계를 유지하려면 서로를 연결하는 매개체가 필요하다. 이것이 바로 信이며 [논어]에서 여러 차례 친구 사이에는 믿음이 있어야 한다고 강조하고 있다. "학이" 4장에서 증자 자신은 덕을 향해 나아가는 공부에서 스스로 매일 세 가지로 자성(自省)한다며, 살피는 세 가지 가운데서 뜻이 같은 벗들에게 믿음(信)을 주지 못한 점은 없었는지 되살폈다. "학이" 7장에서 뜻이 같은 벗과 사귀기면서 일단 말을 하면 반드시 책임을 져 믿음을 주어야(有信) 한다고 강조한다. 또 "공야장" 25장에서 제자 안연과 자로와 이야기 하면서 공자는 벗들에게 신의를 지키겠다고 말했다. 나와 친구는 서로 다른 두 개체로 서로를 연결해주는 것이 信이므로 말과 행동에 신실함이 있어야 친구의 관계가 유지된다.

"학이" 4장에서 증자 자신은 덕을 향해 나아가는 공부에서 스스로 매일 자성(自省)한다며, 첫째 남을 위해 최선을 다했는지(爲人謀而不忠乎) 되물었고, 둘째 뜻이 같은 벗들에게 믿음(信)을 주지 못한 점은 없었는지(與朋友交而不信乎) 되살폈고, 셋째 스승 공자로부터 전수받은 文과 行을 제대로 내 몸에 배게 했는지(傳不習乎)를 되짚었다. 사람들에게 스스로 기만함이 없이 전심전력할 것을 훈계하고 있다.

학이" 7장은 제자 자하의 말로 사람됨의 기본(質)에 더해지는 성심성의(誠心誠意)를 이야기하고 있다. 자하는 네 가지 유형의 사람들에 대해서는 설사 그 사람이 배우지 않았다 하더라도 반드시(必) 배웠다고 할 것이라고 말한다.

'뜻이 같은 벗과 사귀면서 일단 말을 하면 반드시 책임을 져 믿음을 주는 것이다(與朋友交 言而有信).'

넷째 번에 자하가 한 말로 친구 사이에는 믿음이 중요함을 강조하고 있다. 첫째는 易色으로 어진 이를 존경하는데 성실히 하는 것이고, 둘째는 竭力으로 어버이를 섬기는 데 성실히 하는 것이고, 셋째는 致身으로 높은 위치에 있는 이를 높이는 데 성실히 하는 것이고, 넷째는 有信으로 벗을 사귀는 데 성실히 하는 것이다. 이 네 가지는 모두 인륜의 큰 덕(德)이니 행함에 반드시 정성을(精誠) 다해야 한다. 따라서 성심성의(誠心誠意)를 다함이 배움보다 앞선다. 즉 근본에 힘쓰는 데에 노력하라고 강조하고 있다.

"공야장" 25장에서 공자가 제자 안연과 자로에게 각기 너희들(爾)의 뜻을 말해보라고 한다. 이에 자로는 **'수레와 말, 가벼운 가죽옷을 친구들과 나누고 싶다한다'** 고 한다. 친구들과 깊은 우정을 나누고 싶다는 뜻이다. 안연은 **'저의 바람은 자신이 뛰어남을 자랑하지 않고 자신의 공로를 내세우지 않는 것입니다'** 라고 말한다. 공자는 다음과 같이 말한다.

'늙은이를 편안하게 해주고, 친구를 미덥게 해주고, 젊은이를 품어주는 것이다(老者安之 朋友信之 少者懷之).'

세 사람이 말한 뜻의 공통점은 자신을 억제하고 남을 배려하는 데 있다. 공자는 어짊을 편안하게(자연스럽게) 행하는 것이요, 안연은 어짊을 어기지 않는 것이요, 자로는 어짊을 노력해 구하는 것이다.

6.4 위정자와 백성 사이의 信

위정자(爲政者)와 백성 사이에는 특히 믿음의 중요함이 강조되고 있다. "안연" 7장에서 '民無信不立'이라는 표현을 통해 食, 兵, 信 중에서 무엇보다 信이 제일 중요하고 信이 없으면 존재할 수 없음을 강조한다. "요왈" 1장에서도 믿음을 주면 백성들이 신임한다고 이른다. "자로" 4장에서 윗사람이 신의를 좋아하면 백성 가운데 아무도 감히 진실을 행하지 않는 사람이 없을 것이라고 했다. 따라서 "학이" 5장에서 나라를 다스릴 때는 모든 일 처리에 공경하는 마음으로 일관하여 백성들의 믿음을 얻어야 한다고 강조한다. "자장" 10장에는 믿음을 얻지 못한 경우를 사례로 설명하고 있다. 즉 위정자가 믿음을 주지 못하고 백성을 부리면 백성들은 자신을 괴롭힌다고 여기고, 믿음을 주지 못하고 諫言하면 윗사람은 자신을 헐뜯는 다고 여긴다.

"안연" 7장에서 자공이 정치를 바르게 하려면 어떻게 해야 하느냐고 묻자 공자는 세 가지를 들어 답한다.

'먹을 것을 풍족하게 하고, 군대를 강하게 하고,
백성들이 정치지도자를 믿고 따르게 하는 것이다
(足食 足兵 民信之矣).'

자공이 어쩔 수 없이 셋 중에 하나를 버려야 한다면 어떤 것을 먼저 버려야 하느냐고 묻자 공자는 兵을 버리고 그 다음에 食을 버리고 '民信之'는 끝까지 남겨둔다. 이는 하나의 국가가 국가로서 성립하기 위한 최후 최종의 근거는 백성들의 신뢰라는 것을 보여주는 것이다. 이 점을 공자는 다음과 같은 표현을 통해 다시 한 번 강조한다.

'예로부터 누구에게나 다 죽음이 있으니 백성의 믿음이 없으면 (나라가) 존립할 수 없다(自古皆有死 民無信不立).'

"요왈" 1장에서 백성들에게 관대하고, 믿을 주고, 일을 신속하고 공정하게 잘 처리하면 백성들이 지도자를 잘 따른다고 한다.

'너그러우면 뭇사람들을 얻게 되고, 믿음을 주면 백성들이 신임하고, 민첩하면 공이 있고, 공정하면 기뻐한다
(寬則得衆 信則民任焉 敏則有功 公則說).'

"양화" 6장이 "요왈" 1장의 '寬, 信, 敏'을 이해하는 데 도움을 준다. "양화" 6장에서 자장이 인에 대해 묻는다. 공자는 그 다섯 가지로 공손(恭), 너그러움(寬), 믿음(信), 민첩함(敏), 은혜로움(惠)을 능히 행한다면 仁을 행한다고 할 수 있다고 한다. 그러고 나서 공자는 하나하나씩 뜻풀이를 해준다.

첫째, 공자는 '**공손하면 남들로부터 업신여김을 당하지 않는다**(恭則不侮)'고 말한다. 공(恭)은 곧 자신을 낮추는 것이다. "학이"13장에서 유자가 '공손한 태도가 예에 가까우면 치욕을 당할 일은 멀어진다'고 말한 것이 바로 이런 뜻이다.

둘째, 공자는 '**너그러우면 뭇사람들을 얻게 된다**(寬則得衆)'고 말한다. 하지만 관대하되 무원칙해서는 안 된다. 恭이나 寬이 중요하지만 예를 통해 절제가 되어야 한다.

셋째, 공자는 **'믿음을 주면 사람들이 따른다(信則人任焉)'** 고 말한다. 여기서 믿음은 말의 믿음이다. 즉 통치자가 말을 할 때는 반드시 그것을 지킴으로써 믿음을 줘야 한다는 것이다("요왈"1장에서 信則民任焉과 유사).

넷째, 공자는 **'민첩하면 공이 있게 된다(敏則有功)'** 고 말한다. 여기서 공(功)이란 일(事)을 이루는 성공(成功)을 말한다. "학이"14장에서 '敏於事而愼於言'이라고 했는데 敏於事는 '일을 할 때는 민첩하게 한다'는 뜻이고, 愼於言은 바로 信을 풀이한 것이다.

다섯째, 공자는 **'은혜로우면 충분히 사람을 부릴 수 있다(惠則足而事人)'** 고 말한다. 은혜로써 백성을 보살피면 얼마든지 (강압에 의하지 않고) 의롭게 사람을 부릴 수 있다는 뜻이다. 惠는 따뜻한 보살핌과 통하고, 족은 의롭게(義)와 통한다.

"자로" 4장에서 어떤 상황인지는 알 수 없지만 번지는 공자에게 농사일(稼)을 배울 것을 청한다. 번지가 그 자리를 떠나자 소인(小人)이라고 비판하며 공자는 다음과 같이 말했다.

'윗사람이 예를 좋아하면 곧 백성들이 감히 불경을 행하는 이가 없고(上好禮 則民莫敢不敬), 윗사람이 의를 좋아하면 곧 백성들이 감히 복종하지 않는 이가 없고(上好義 則民莫敢不服), 윗사람이 신의를 좋아하면 곧 백성들이 감히 실상에 맞지 않는 일을 하는 이가 없다(上好信 則民莫敢不用情).
이렇게 되면 사방의 백성들이 자식을 포대기에 업고서라도 올 것이니 어찌 내 능력을 농사짓는 데 쓰겠는가 (夫如是 則四方之民襁負其子而至矣 焉用稼)?'

禮를 배우기에 앞서 농사일을 먼저 배울 것을 청했기에 소인이라고 한 것이다. 그저 요즘 식으로 하자면 생계에 얽매인 소시민 정도로 볼 수 있다. 그리고 공자는 자신의 사회적 역할이 무엇인지도 소상하게 설명한다. 공자가 농사짓고 채소를 가꾸는 것을 배척한 것은 예의를 먼저하고 식화(食貨)를 뒤로 하고자 하는 것이었을 뿐이다. 세상을 구제하는 배움에 힘써서 세상의 백성을 구제할 것을 훈계하고 지도자가 갖추어야 할 덕목으로 禮, 義, 信임을 강조하고 있다.

"위정" 5장에서 다스림(治人)의 요체를 제시한다. 즉 군주가 나라를 다스리는 기본 도리에 관해 공자는 말했다.

'천승지국(제후의 나라)을 다스릴 때라도 매사에 임할 때 공경하는 마음으로 일관함으로써 백성들의 믿음을 얻어내고 (道千乘之國 敬事而信), 재물을 쓸 때는 절도에 맞게 하여 사치를 멀리함으로써 백성들을 사랑해야 하며, 백성들을 부려야 할 경우에는 때에 맞춰 해야 한다 (節用而愛人 使民以時).'

'敬事而信'은 매사에 신중과 최선을 다함으로써 백성들에게 믿음을 준다는 것이다. '節用而愛人'은 나라의 재물을 사용함에 절도 있게 아껴 씀으로써 백성들을 사랑하는 것이다. '使民以時'는 불가피하게 백성들을 공사 등에 부려야 할 경우에는 때에 맞춰 즉 농사일을 하지 않는 농한기 때 시키도록 해야 한다는 것이다. 국가를 다스리는데 있어서 중요한 세 가지 기본 원칙을 제시하고 있다. 군주는 매사를 조심스럽게 처리하고, 백성을 사랑하대 나라의 재물을 헛되이 사용하지 않고, 백성을 부리되 때에 맞추어 원망을 사지 않게 하면, 백성들의 신임을 얻을 수 있음을 설명하고 있다.

"자장" 10장에서 자하가 아랫사람(일반백성)과 윗사람에 대한 군자의 태도를 말하고 있다.

'군자이고자 한다면 백성들에게 믿음을 준(혹은 신임을 얻은) 연후에 백성들을 부려야 하는 것이니, 만일 믿음을 주지 못하고서 부리면 백성들은 자신들을 괴롭힌다고 여길 것이다 (信而後勞其民 未信則以爲厲己也). 윗사람에게 믿음을 준(혹은 신임을 얻은) 연후에 간해야 하는 것이니, 만일 믿음을 주지 못하고서 간하면 윗사람은 자신을 헐뜯는다고 여길 것이다(信而後諫 未信則以爲謗己也).'

勞는 문맥만으로 본다면 위로하거나 부지런히 한다는 것보다는 '부리다' 나 '일을 시키다'가 적절하다. 뒷부분은 윗사람에 대한 군자의 태도다. 諫하는 것은 쉬운 일이 아니다. 부모에게 諫하는 것도 조심스러운데("이인" 18장) 최고 권력자인 임금에게 諫하는 일은 더욱 조심스러울 수밖에 없다. 믿음(信)이 뒷받침되어야 한다. "이인" 26장에서는 **'임금을 섬기면서 자주 간하면 욕을 당하게 되고, 붕우 사이에 자주 충고를 하면 서로 소원해진다'** 고 한다. 벼슬자리에 있는 군자는 아래 백성을 부리고 군주를 섬길 때 정성 어린 믿음으로 서로 감동해야 한다고 얘기하고 있다. 믿음의 중요성을 다시 강조하고 있다.

7. 禮(규범 및 절차)

'자기의 사사로운 바를 이겨내고 예로 돌아가는 것이 곧 인을 행하는 것이다(克己復禮爲仁).' - "안연" 1장

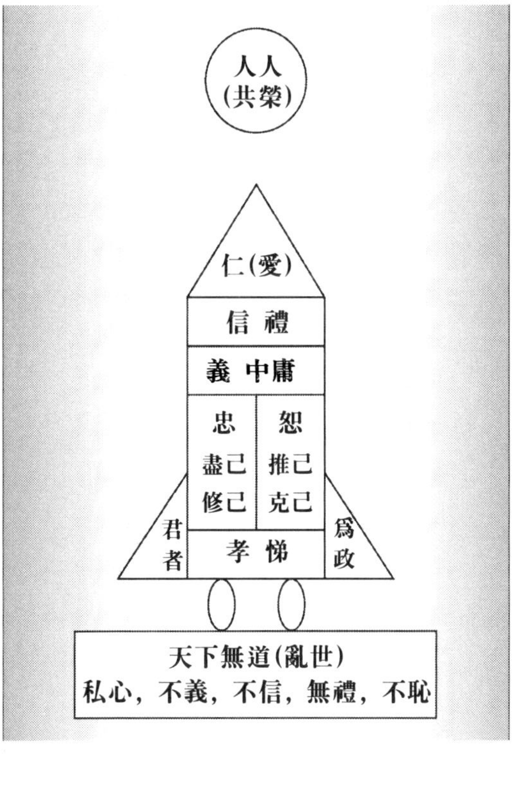

7. 禮(규범 및 절차)

禮는 귀신을 나타내는 示(시)와 풍성할 豊(풍)자로 구성되어 있다. 豊은 제기(祭器)인 두(豆)에다 제물을 담아 신(示)에게 봉헌하는 제사 의례를 의미하고, 豊자는 禮의 옛글자로 사용되었다. 따라서 禮의 어원적 의미는 제사 의례에서 찾을 수 있다. 주희의 풀이에 따르면 禮란 공경과 사양을 근본으로 하고 절도(節度)와 규범의 상세함이 있다. 그러나 시대와 사회의 변화에 따라 변천하여 현재 사용되는 일반적인 禮의 의미는 인간의 도덕성에 근거하는 사회적 질서의 규범과 행동의 표준적 절차라 할 수 있다. 또 禮는 樂과 결합하여 禮樂으로 사용되고, 義와 결합하여 禮義로도 많이 사용된다.

禮는 [논어]에서 75번 언급될 정도로 중요하다. "팔일"편 전체가 예악을 집중적으로 다루고 있고, 禮를 중심으로 하여 왜 禮가 치세(治世)의 중심인가를 밝히고 있다. "안연" 1장에서 공자는 예를 인의 실천 방법으로 제시하고 있고, "팔일" 3장과 4장에서 예가 어진 마음이 아닌데서 나오면 겉치레일 뿐이고 진정한 예가 될 수 없다고 한다. 또 "요왈" 3장, "태백" 8장, "계씨" 13장에서 공자는 예를 알지 못하면 설 수 없다고 한다. 예로써 스스로를 단속하여 도리의 근본을 세우는 것을 의미한다.

"안연" 1장에서 안연의 仁에 대한 질문에 공자는 답변을 통하여 개인의 私利를 극복하고 禮를 회복하는 것이 仁이라고 말한다.

'자기의 사사로운 바를 이겨내고 예로 돌아가는 것이 곧 인(을 행하는 것)이니, 단 하루라도 극기복례를 행한다면 천하도 그런 사람을 인하다고 인정해 줄 것이다 (克己復禮爲仁 一日克己復禮 天下歸仁焉).'

무엇보다 仁 자체에 대한 공자의 생각을 가장 가깝게 드러내고 있는 것이다. 전체적인 문맥은 이해했지만 복례(復禮)부분이 미진하다고 생각한 안연은 이 점에 대해 보다 구체적인 사항을(目)을 쉽게 설명해 줄 것을 청한다. 이에 克己의 구체적인 방법을 제시한 것으로 4가지(視, 聽, 言, 動)를 예에 따라서 하도록 했다.

'예가 아니면 절대 보지도 말고 듣지도 말며 말하지도 말고 움직여서도 안 된다 (非禮勿視 非禮勿聽 非禮勿言 非禮勿動).'

물(勿)은 무(無)이나 비(非)에 비해 훨씬 강한 부정의 의미를 갖고 있다. 정약용은 다음과 같이 풀이한다. '하고 싶다(欲)'는 것은 인심(人心)이 그것을 하고 싶은 것이며, '말라(勿)'는 것은 도심(道心)이 그것을 하지 말라는 것이다. 인심과 도심이 둘이 맞대어 싸워서 말라(勿)는 것이 이기면 이를 극기(克己)라 하는 것이다. 공자의 친절한 설명을 들은 안연은 이제야 공자가 말하고자 하는 바를 알아들었다. 禮로써 根本을 세우는 것이 바로 克己이다. 공자는 예를 인의 실천 방법으로 예는 사람이 상대편에 대하여 마땅히 지켜야할 도리로 보았다.

"팔일" 제1, 2장은 예악을 그르친 전형적인 사례를 보여주었다면 3장은 그것이 왜 잘못된 것인지를 설명하고 있다. 즉 예악의 뿌리는 어진 마음(仁)에서 나오는 것임을 공자는 다음과 같이 말했다.

'사람이 어질지 않는데 예를 행한들 어찌하며 (人而不仁 如禮何), 사람이 어질지 않는데 음악을 행한들 무엇 할 것인가(人而不仁 如樂何)?'

즉 예악이 어진 마음이 아닌 데서 나온다면 그것은 겉치레일 뿐 진정한 예악이 될 수가 없다는 뜻이다. 제1장의 계씨나 2장의 삼가(三家)가 자신들의 격에 맞지 않게 사용한 예악의 형태가 모두 어질지 못한 마음에서 비롯되었음을 강하게 지적하고 있다. 또 "팔일" 4장에서 임방이 예의 근본을 물음에 대하야 다음과 같이 답해주었다.

'크나큰 물음이구나(大哉問)! 예는 사치스러움보다는 차라리 검소해야 한다 (禮與其奢也寧儉). 상은 형식적인 겉치레에 치우치느니 보다는 마음으로 슬퍼해야 한다 (喪與其易也寧戚).'

임방은 노나라 사람으로 세상에서 예를 행하는 사람들이 오로지 번잡하게 겉으로 꾸밈만 일삼는 것을 비판적으로 생각해 공자에게 예의 근본을 질문했다. 그래서 공자는 그 질문이 훌륭하다(大)고 칭찬했다. 禮制를 행할 때 사치스럽게(奢) 하기보다는(與其 ~ 보다는) 차라리(寧) 검박하게 하는 것이 낫고, 상제(喪制)를 행할 때도 형식적인 다스림(易/治)에 치우치니 차라리 진심으로 슬퍼함이(戚) 낫다고 답한다. 仁이 없으면 禮나 喪은 겉치레 행사로 전락할 수밖에 없다는 뜻이다.

"요왈" 3장에서 '**禮를 알지 못하면 설 수가 없다고 한다(不知禮 無以立也)**' 고 하고, "태백" 8장에서 '**시에서 일어나고, 예에서 서며, 악에서 이룬다(興於詩 立於禮 成於樂)**' 고 했다. 또 "계씨" 13장에서 공자는 아들 백어에게 예를 배우지 않으면 설수 없다고 했다. '예를 알지 못하면 설 수가 없다(立於禮)'는 의미는 예로써 스스로를 단속하여 또는 다잡아서(約之以禮) 근본을 세우는 것이다.

[논어]의 마지막 장인 "요왈" 3장에서 중요한 세 가지 말씀(知命, 知禮, 知言)이 결론이 되고 있다.

'명(命)을 알지 못하면 군자가 될 수 없고, 예(禮)를 알지 못하면 설 수 없고, 말을 알지 못하면 사람을 알 수 없다 (不知命 無以爲君子也 不知禮 無以立也 不知言 無以知人也).'

첫째, 命을 알지 못하면 군자가 될 수 없다. 程伊川(정이천)의 풀이다. '命을 안다는 것은 명이 있음을 알고서 믿는 것이다. 명을 알지 못한다면, 해(害)를 보면 반드시 피하고, 이익을 보면 반드시 따를 것이니 어떻게 군자가 될 수 있겠는가?' 또한 정약용의 보다 추상적인 풀이다. '명(命)은 하늘이 사람에게 부여한 것이니, 인간 본성(性)이 德을 좋아하는 것이 명이요, 사생(死生)과 화복(禍福)과

영욕(榮辱)도 또한 명이다. 명을 알지 못하면 선(善)을 즐기고 그 지위에 편안할 수 없다. 그러므로 군자가 될 수 없다.'

둘째, 예를 알지 못하면(知禮) 설 수가 없다. 정약용의 풀이다. '禮는 상하를 정하고 꺼리고 싫어함(嫌疑,혐의)을 구분하는 것이니, 禮를 알지 못하면 (禮가 아닐 때) 보지 말고 듣지 말고 말하지 말고 움직이지 말라(四勿)는 것을 할 수 없다. 그러므로 그 몸을 세울 수 없는 것이다.'

셋째, 말을 알지(知言) 못하면 그 사람을 알 수 없다. 정약용의 풀이다. '말을 안다(知言)는 것은 남의 말을 듣고서 그 심술의 사악함이나 바른 것을 알게 됨을 이른다.'

"위령공" 17장과 "태백" 2장에서 군자가 일을 할 때 義를 바탕으로 하고 禮에 따라서 행하면 행한 일이 정당하고 폐단이 없음을 알려준다. "위령공" 32장에서 재능과 지혜가 국가를 다스리는 도리를 알기에 족하고 인덕도 그 자리를 지킬 만하고 장엄한 태도로 백성에게 임한다 하여도, 백성을 가지런히 하는데 禮에 의하지 않으면 완전하지 않다고 하여 예의 중요성을 다시 강조하고 있다. 그러나 "학이" 12장에서 예는 내용적으로 위엄과 공경을 갖추면서도 외형적으로 화기(和氣)를 잃어서도 안 된지만 또한 지나치면 예의 본질을 잃는다고 하여 지나친 화기를 경계했다.

"위령공" 17장에서 공자는 의로운 일을 올바른 절차에 따라 실행함을 강조 하면서 다음과 같이 말했다.

'군자는 올바름을 바탕으로 삼아 예로써 올바름을 행하고, 겸손으로 올바름을 드러내며, 믿음으로써 올바름을 이루니, 이러해야 바로 군자라 할 수 있다 (君子義以爲質 禮以行之 孫以出之 信以成之 君子哉).'

이것은 군자가 일을 할 때 보여주는 단계라고 할 수 있다. 우선 명분을 분명히 하고(義) 올바른 절차에 따라 준비를 한 다음(禮) 겸손하게 일을 추진하는(孫) 동시에 믿음으로써(성실하게) 일을 이루어내야(信) 군자라 할 수 있다는 것이다. 즉 군자가 하는 일은 義를 바탕으로 하고 예에 맞게 진행이 되면 결국에는 백성들의 신뢰를 얻게 된다는 점을 강조하고 있다.

계속하여 "태백" 2장에서 행동에 禮로 절제함이 있어야 정당하고 폐단이 없어짐을 말하고 있다. 사례로 禮가 뒷받침되지 않는 恭, 愼, 勇, 直의 폐단을 밝히고 있다.

'공손하되 禮가 없으면 수고스럽고(恭而無禮則勞), 신중하기만 하고 禮가 없으면 두렵고(愼而無禮則葸), 용맹하되 禮가 없으면 문란해질 수 있고(勇而無禮則亂), 곧되 禮가 없으면 강퍅해진다(直而無禮則絞).'

공자가 높게 평가한 네 가지 덕목 즉 恭(공손) 愼(신중) 勇(용맹) 直(곧음)에 대한 풀이로 예가 뒷받침되지 않는 공손, 신중, 용맹, 곧음도 각각 폐단이 있음을 지적하고 있다. 첫 문장은 모두 禮가 뒷받침되지 않음과 관련되어 있다.

먼저 '恭而無禮' 즉 공손하기는 한데 禮가 뒷받침 되지 않으면 勞(노)하다고 말했다. 禮를 알지 못한 채 그저 공손하기만 하다가는 비굴(卑屈 : 용기가 없고 비겁함)에 빠질 수 있다. 이런 사람은 심적으로 불안하고 제대로 타인의 인정도 받지 못해 고달프고 고단할 것이다. 그래서 여기서는 고달프다, 고단하다, 근심하다 등의 뜻이 종합된 '불안하고 고단하다'는 뜻이다. 이는 "술이" 37장의 '공손하면서도 자연스러웠다(恭而安)'와 대비된다.

'愼而無禮' 즉 삼가기는 한데 예가 뒷받침 되지 않으면 葸(시)하다고 말했다. 葸(사/시)는 여기서는 시로 읽는데 눈 휘둥그레지다, 두려워하다 등을 뜻한다. 禮를 알지 못한 채 마냥 신중하려는 사람은 결국 남들에게 두려워하는 듯한 인상을 주게 된다. 이는 "술이" 37장의 '위엄이 있으면서도 사나운 기운이 풍기지 않았다(威而不猛)'와 대비된다.

'勇而無禮' 즉 용맹하기는 한데 禮가 뒷받침되지 않으면 위아래를 문란케 해 난을 일으킬 수 있고(亂), '直而無禮' 즉 곧기는 한데 예가 뒷받침 되지 않으면 絞(교)하게 된다. 絞에는 다양한 뜻이 있다. '목매다, 목매어 죽이다, 비방하다, 헐뜯다, 묶다, 새끼를 꼬다, 염습하다' 등의 뜻이다. 주희는 '새끼처럼 두 갈래로 꼬아서 졸라 딴딴하게 하는 것이니, 이는 모두 너그럽지 못한 것'이라고 풀었다. 이런 뜻을 종합해 볼 때 곧기만 하고 너그럽지 못하다, 혹은 剛愎(강퍅)하다로 번역하는 게 좋을 듯하다.

주희의 풀이에 의하면 예가 없으면 節文(절문: 예절에 관한 규정)이 없기 때문이다. 절은 법도와 절차이며 문은 적절하게 꾸미는 것이다. 즉 절문은 적절하게 꾸민 법도와 절차라고 할 수 있다.

“계씨” 5장에서 유익한 세 가지를 좋아함(益者三樂)에 첫째가 예악으로 절제하는 일이다. 공자는 말했다.

‘유익한 세 가지를 좋아함이 있고, 손해 보는 세 가지를 좋아함이 있다(益者三樂 損者三樂). 예악으로 절제하는 것을 좋아하고, 사람의 선함을 이끌어 내는 것을 좋아하고, 어진 벗이 많음을 좋아하는 것이 유익한 세 가지이고 (樂節禮樂 樂道人之善 樂多賢友 益矣), 교만과 쾌락을 좋아하고, 마냥 노는 것을 좋아하고, 향락을 좋아하는 것이 손해 보는 세 가지다 (樂驕樂 樂佚遊 樂宴樂 損矣).’

이 장에서는 ‘좋아함(樂)’에 대해 말한다. 사람이 좋아하는 것에는 유익한 것과 해로운 것이 있으므로 신중하게 하여 해로운 것을 피해야 한다고 설명하고 있다. 세 가지가 각각 대비된다. 그래서 주희는 총괄해서 이렇게 풀이한다. ‘교만과 쾌락을 좋아하면 잘난 체하고 방자해서 절제를 알지 못하고, 마냥 놀면 태만해져서 선에 관한 말을 듣기를 싫어하고, 향락에 빠지면 음탕하여 소인을 가까이 하게 된다.’ 천하에 도가 없을 때 도를 회복하기보다는 자기 이익에 눈먼 사람들에 대한 비판으로 읽어야 한다.

“위령공” 32장에서 仁으로 지키고 장(莊)의 외양을 갖췄다 하더라도 백성들을 禮로써 분발케 하지 않으면 결국 선에 이르지 못한다(未善)고 했다.

'앎이 도에 미치고 인이 그것을 지킬 수 있고 장엄한 태도로 백성에게 임할 수 있더라도 백성들을 예로써 분발시키지 않는다면 그 사람을 선하다고 할 수 없다 (知及之 仁能守之 莊以涖之 動之不以禮 未善也).'

공자는 군자의 길을 포괄적이면서 단계적으로 제시하고 있다. 道에 대한 知는 仁으로 지켜야 하고, 仁으로 지킨 道는 莊의 외양을 띠고서 타인에게 베풀어야 한다는 것이다. 주희의 풀이다. '지혜가 충분히 이 도리(理)를 알 수 있으나 사욕(私欲)이 끼어들면 그것을 자기 몸에 가질 수 없는 것이다.' 莊을 막연하게 표정과 자세의 장엄이나 엄숙으로 볼 것이 아니라, 올바른 法과 刑으로 통치하는 것으로 봐야 한다. 그러나 그게 끝이 아니다. 인으로 지키고 장(莊)의 외양을 갖췄다 하더라도 백성들을 禮로써 분발케 하지 않으면 결국 선에 이르지 못한다(未善). 여기서 미선(未善)은 두 가지 해석이 가능하다. 하나는 백성이 선에 이르게 하지 못한다는 것이고, 또 하나는 예로써 분발케 하지 않는다면 그것은 결국 선한 것이라고 할 수 없다는 것이다. 여기서는 후자에 가깝다. 정치하는 사람은 마땅히 총명한 재능과 지혜 및 인애한 덕성, 장엄한 태도, 합리적인 행동 등을 구비하고 백성을 예로써 분발케 해야 완전하다 할 수 있다고 강조한다.

"학이" 12장에서 禮란 내용적으로 위엄(嚴)과 공경(恭敬)을 갖추면서도 외형적으로는 和氣를 잃어서는 안 된다는 것이다. 유자는 다음과 같이 말했다.

'예의 쓰임은 화기(和氣)를 귀하게 여긴다(禮之用 和爲貴).
(요순과 같은)옛 임금들의 도리도 바로 이런 예의 화기를
중요하게 생각했으니(先王之道 斯爲美)
상하가 통용되어 행해졌다(小大由之).
(그러나) 해서는 안 되는 일이 있다(有所不行).
화기만을 알아서 조화나 화합에만 힘쓰고(知和而和)
예(의 體)로써 그것을 절제하지 않는다면
예를 제대로 행할 수 없다(不以禮節之 亦不可行也).'

禮의 정신은 조화에 있으나 치우쳐서는 안 됨을 강조하고 있다. 예의 본질(體)은 嚴(위엄) 혹은 敬(공경)이다. 결국 和란 애초부터 예의 본질인 위엄이나 공경이 제 역할을 하도록 하는데 보조적 성격을 갖는다. 그런데 간혹 그런 보조적 혹은 제한적 쓰임으로서의 和를 망각하고 오로지 和로만 일관할 경우 즉 和가 지나칠 경우 그것은 하지 않느니만 못하다는 것이다. 禮가 지나치면 간격이 생겨 멀어지기 때문에, 예의 쓰임에 화를 귀하게 여기는 것이다. 그러나 禮의 體를 모르고 用인 和氣만을 알아서 조화나 화합에만 힘쓰고 禮(의 體)로써 그것을 절제(節之)하지 않는다면 예를 제대로 행할 수 없다는 것이다.

8. 仁(사람을 사랑)

'번지가 어질다는 것을 물자 공자는 사람을 사랑하는 것이라고 답한다(樊遲問仁 子曰愛人).' – "안연" 22장

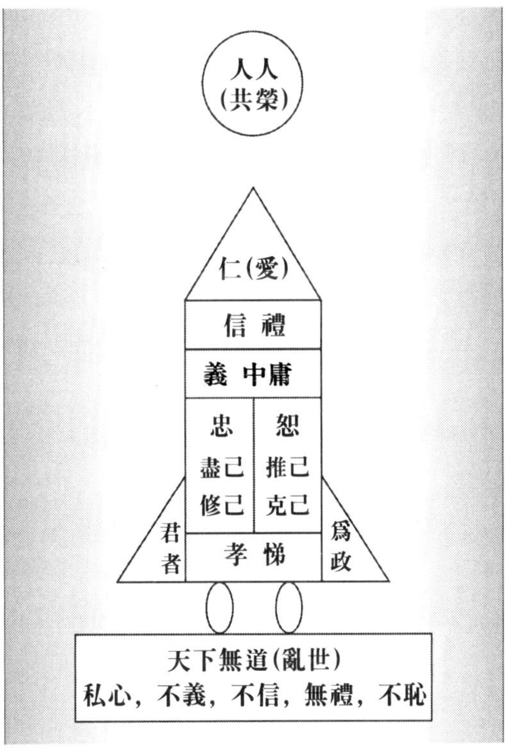

8. 仁(사람을 사랑)

공자 사상의 최고의 정수(精髓)이면서 쉽게 이해되지 않는 것이 仁이지만 공자는 구체적으로 인에 대하여 직접 설명한 내용은 없다. 또 제자들의 仁에 대한 물음에 공자의 대답은 전부 달랐으며 어떻게 하는 것이 仁하는 것이라고 그 방법을 주로 설명했다. 또한 각 제자의 성격과 개성에 따라서 다양하게 대답하고 있다. 예를 들면 번지는 "안연" 22장, "옹야" 20장, "자로" 19장에서 仁에 대하여 세 번이나 물었다. 또 "안연"편(1장, 2장, 3장, 22장)에서 제자 안연, 중궁, 사마우, 번지가 仁에 대해 질문했다. 仁에 대한 공자의 대답은 모두 달랐다. 그럼에도 仁에 대한 공자와 제자들의 문답을 살펴봄으로 仁에 좀 더 가까이 접근해본다.

"안연" 1장에서 안연의 仁에 대한 물음에 대하여 공자는 **'자기의 사사로운 바를 이기고 예로 돌아가는 것이 仁이라(克己復禮)'** 고 대답한다. "옹야" 20장에서 번지가 물은 仁에 대하여 공자는 **'어진 사람은 어려운 일(難)을 먼저 하고 얻는 것(獲)을 뒤에 하니 이렇게 한다면 어질다고 할 수 있다(先難後獲)'** 라고 답한다. 어려운 일은 극기(克己)나 공적인 일이고, 얻는 것은 사적인 일이나 개인의 이득으로 보면 "안연" 1장의 극기복례(克己復禮)와 일맥상통한다. "옹야" 28장에서 자공이 인에 대해 묻자 공자는 **'인이란(夫仁者) 내가 일어서고 싶다면 남도 일어서게 해주고, 내가 통달하고자 함에 남도 통달하게 하는 것이다(己欲立而立人 己欲達而達人)'** 라고 말했다. 仁을 실행하는 방법이란 자기 마음에 비추어 남을 생각하는 데 있다고 가르치고 있다. 즉 공자는 "위령공" 23장에서 언급된 恕가 인에 가깝다고 여긴다. "안연" 22장에서 번지가 다시 仁에 대하여 묻자 공자는 **'사람을 사랑하는 것(愛人)'** 이라고 말한다. 知에 대하여서는 **'사람을 아는 것(知人)'** 이라고 말한다. 그래서 곧은 사람을 등용하고 굽은 사람은 그 자리에 두면 굽은 사람도 곧아진다고 한다. 여기서 곧은 사람을 알아보는 것이 知이고 굽은 사람이 곧게 하는 것이 仁이라고 자하가 번지에게 설명했다.

"안연" 1장, "옹야" 20장, "안연" 22장과 "옹야" 28장의 내용을 통하여 자신의 사욕을 버리고(克己復禮) 자기 마음에 비추어 남을 생각하고(恕) 사랑하는 것(愛人)이 仁에 대한 공자의 설명으로 볼 수 있다. 또 "안연" 1장, "옹야" 28장과 "술이" 29장에서 仁을 행함은 멀리 있는 것이 아니라(仁遠乎哉) 나 자신에서 비롯되니(爲仁由己 能近取譬) 자신부터 행하라고 한다.

"안연" 1장에서 어진 사람이라고 공자의 평가를 받았던 안연이 仁에 대하여 묻는다. 공자가 대답했다.

'자기의 사사로운 바를 이겨내고 예로 돌아가는 것이 곧 인(을 행하는 것)이니, 단 하루라도 극기복례를 행한다면 천하도 그런 사람을 인하다고 인정해 줄 것이다
(克己復禮爲仁 一日克己復禮 天下歸仁焉).
인을 행하는 것은 자기 자신에서 비롯되는 것이지 어찌 남에게서 비롯되겠는가(爲仁由己 而由人乎哉)?'

안연(顔淵)이 仁을 물었기 때문에 공자의 답변은 다른 제자의 질문에 대한 답변과는 매우 다르게 무엇보다 仁 자체에 대한 공자의 생각을 가장 가깝게 드러내고 있는 것이다. 먼저 자기의 사욕을 버리고 예로 돌아가는 것이 인이고, 인을 행하는 것은 자기 자신으로부터 시작한다고 답한다. 인은 자기 스스로 수양하여 자기가 먼저 실행하는 것이지 타인에 의하여 실행되는 것이 아니다 하여 솔선하여 수행할 것을 강조한다. 여기서 克은 이기는 것(勝)이고, 己는 개인의 사리사욕(私慾)이고, 귀(歸)는 許(허여함, 칭송하다)로 풀이한다. 그러나 다산은 주희와 다르게 귀는 귀화(歸化)로 해석하여, 天下歸仁은 '천하의 모든 사람들이 仁에 귀화하지 않는 이가 없다'로 풀이한다. '하루라도'라는 말은 그만큼 어려운 일(難)임을 말한 것이다.

복례(復禮)에 대한 이해가 미진하다고 생각한 안연은 이 점에 대해 보다 구체적인 사항을(目)을 쉽게 설명해 줄 것을 청한다. 이에 공자는 다음과 같이 말했다.

'예가 아니면 절대 보지도 말고 듣지도 말며
말하지도 말고 움직여서도 안 된다
(非禮勿視 非禮勿聽 非禮勿言 非禮勿動).'

克己의 구체적인 방법을 제시한 것으로 視, 聽, 言, 動 4가지를 예에 따라서 하도록 했다. 보고 듣는 것은 사람의 대표적인 감각이며 말하고 행동하는 것 또한 사람의 대표적인 표현 방법이므로 이 4가지가 예에 따라 실행되면 예를 어기지 않게 될 것이다. 공자의 친절한 설명을 들은 안연은 이제야 공자가 말하고자 하는 바를 알아들었다. 여기서 물(勿)은 무(無)나 비(非)에 비해 훨씬 강한 부정의 의미를 갖고 있다. 정약용의 다음과 같이 풀이한다. '하고 싶다(欲)'는 것은 인심(人心)이 그것을 하고 싶은 것이며, '말라(勿)'는 것은 도심(道心)이 그것을 하지 말라는 것이다. 인심과 도심이 둘이 맞대어 싸워서 말라(勿)는 것이 이기면 이를 극기(克己)라 하는 것이다. 克己는 禮로써 根本을 세우는 것이다.

"옹야" 20장에서 번지의 仁에 대한 물음에 공자는 다음과 같이 대답했다.

'인자(仁者)는 어려운 일을 먼저하고 얻는 것을 뒤에 하니 이렇게 한다면 어질다고 할 수 있다 (仁者先難而後獲 可謂仁矣).'

여기서 어려운 일은 극기(克己)나 공적(公的)인 일로 마땅히 힘써야 할 일이고, 얻는 것은 사적인 일이나 개인의 이득(私利)으로 보면 "안연" 1장의 극기복례(克己復禮爲仁)와 일맥상통한다. 번지는 "안연" 21장에서 덕을 높이는 법과 혹(惑)을 분별해 내는 법에 대해 물었다. 이 때 崇德과 관련해 공자가 '일을 먼저하고 이득은 뒤로 하는 것(先事後得)이 덕을 높이는 것 아니겠는가?'라고 답한다. 공적인 일을 먼저하고 사적인 일을 후에 한다는 의미이다.

"안연" 22장에서 번지가 동시에 仁과 知에 관해 묻자 공자는 대답했다.

**"번지가 '어질다는 것이 무엇이냐' 고 묻자(問仁)
공자는 '사람을 사랑하는 것(愛人)' 이라고 답한다. 이어
번지가 '안다는 것은 무엇이냐' 고 묻자(問知)
공자는 '사람을 아는 것(知人)' 이라고 말한다."**

공자는 仁에 대해서는 '사람을 사랑하는 것이(愛人)'이라고 답하고, 知에 대해서는 '사람을 아는 것(知人)'이라고 말한다. 이에 대해 주희는 '사람을 사랑하는 것은 仁의 베풂이고, 사람을 알아봄은 知의 책무이다'고 풀이한다. 그런데 번지는 이 말을 이해하지 못했다. 주희는 '번지의 생각은 사랑(仁)은 모두에게 두루 친밀하고자 하는데 반해, 아는 것(知)은 분별적으로 선택(擇)함에 있다고 여겨 두 가지(모두에게 두루 친밀함과 선택)가 서로 모순된다고 의심한 것이다'라고 풀이했다. 즉 번지는 근본적으로 仁을 애인으로 푸는 이유는 알았으나 知를 왜 知人으로 푸는지는 이해할 수가 없었다. 번지가 깨닫지 못하자 공자는 말했다.

**'곧은 사람을 들어 쓰고 모든 굽은 사람은 제자리에 두면,
굽은 자로 하여금 곧아지게 할 수 있다
(擧直錯諸枉 能使枉者直).'**

번지가 의문을 제대로 풀지 못하자 공자는 이렇게 말한다. '곧은 사람을 들어 쓰고 모든 굽은 사람은 제자리에 두면, 굽은 자로 하여금 곧아지게 할 수 있다.' 이것은 "위정" 19장에서 공자가 애공에게 한 대답과 같다. 이에 대한 주희의 풀이다. '곧은 사람을 들어 쓰고 모든 굽은 사람은 제자리에 두는 것은 知이고, 굽은 사람

으로 하여금 곧아지게 하는 것은 仁이다. 이렇게 되면 이 두 가지가 서로 모순되지 않을 뿐만 아니라 도리어 서로 쓰임이 된다.' 자연스레 仁이 知보다 한 단계 윗길임을 보여준다. 그럼에도 번지의 의문은 풀리지 않았다. 그래서 공자 앞을 물러나와 자하를 찾아가 물었다. 공자의 말뜻을 알아차린 자하는 '그 말씀의 뜻이 넓도다'라고 말했다. 자하는 공자의 知人에 대한 대답에 포함된 뜻이 넓어서 知를 말씀하신 대만 그치지 않은 것을 감탄한 것이다. 자하가 다음과 같이 구체적인 사례를 들어 자세히 설명한다.

'순(舜)임금이 천하를 소유함에 여러 사람 중에서 선발하여 고요(皐陶)를 들어 쓰시니 어질지 못한 자들이 멀리 사라졌고(舜有天下 選於衆擧皐陶 不仁者遠矣), 탕(湯)임금이 천하를 소유함에 여러 사람 중에서 선발하여 이윤(伊尹)을 들어 쓰시니 어질지 못한 자들이 멀리 사라졌다 (湯有天下 選於衆擧伊尹 不仁者遠矣).'

자하는 이미 공자의 말뜻을 알아차렸다는 듯이 구체적인 사례를 들어 번지의 궁금증을 풀어준다. 고요(皐陶)나 이윤(伊尹)은 곧은(直) 사람이다. 이런 곧은 사람을 알아보는 것이 知人이다. 자하는 공자가 仁과 知를 겸하여 말씀하신 것을 알았던 것이다. 공자는 仁과 知의 서로 간의 쓰임을 설명하고, 자하는 그 예를 들어 번지에게 설명하고 있다. 여기서 말하는 知는 곧 知人이며 知人은 곧 知直人(곧은 사람을 알아보는 것)이자 知仁人(어진 사람을 알아보는 것)라는 점을 확인 할 수 있다. '不仁者遠矣'에 대한 주희의 풀이다. '不仁者가 멀어졌다는 것은 사람들이 다 仁의 상태로 돌아와

不仁한 자가 있는 것을 보지 못한 것이 마치 멀리 가버린 것과 같다는 말이니, 이른바 굽은 자로 하여금 곧게 하는 것이다.'

"옹야" 28장에서 자공이 묻는다. '만일(如) 백성들에게 은혜를 베풀어(博施) 많은 사람들을 구제한다면 그것은 어떠합니까? 그것을 일러 仁이라고 할 수 있습니까?' 뜻이 높고 정치적 야심이 컸던 자공은 仁의 실마리를 이처럼 거창한 데서 구하려 한 것이다. 공자는 먼저 '어찌 仁에만 그치겠는가?'라고 말한다. 그것은 仁을 넘어서 聖人의 경지에 이르렀다고 할 만 하다는 것이다. 바꿔 말하면 거의 불가능한 일이라는 말이다. 그래서 堯舜도 백성들에게 은혜를 널리 베풀고 많은 사람을 구제하는 것을 (제대로 할 수 없었기 때문에 늘) 근심(病)으로 여겼다고 말한다. 그리고 공자는 다음과 같이 仁에 대하여 말했다.

'본래 인이란(夫仁者) 내가 일어서고 싶다면 남도 일어서게 해주고, 내가 통달하고자 함에 남도 통달하게 하는 것이다 (己欲立而立人 己欲達而達人).
내 입장을 비추어 남의 입장을 알아줄 수 있음이 바로 인을 실천하는 방책이라고 하겠다 (能近取譬 可謂仁之方也已).'

공자는 인자가 어떤 사람인지를 통해 자공에게 인의 세계를 보여준다. '仁이란 자신이 서고자 함에 남도 서게 하며, 자신이 통달하고자 함에 남도 통달하게 하는 것이다'라고 공자는 말한다. 공자는 자신이 하고 싶은 것이 있다면 먼저 그것을 남에게 베푸는 서(恕)를 말하고 있다. 공자에게는 仁과 恕는 비슷한 경지이다.

끝으로 공자가 '가까운 데서 취해 비유할 수 있다면(能近取譬) 인을 행하는 방법이라 할 수 있다'고 한 말은 "술이" 29장에서 공자가 **'인이 먼 것이겠는가? 내가 어질고자 하면 이에 어짊이 다가 온다(仁遠乎哉 我欲仁 斯仁至矣)'** 고 한 말과 같다. 즉 가깝다는 것은 공간적으로 가까운 내 주위가 아니라 정신적으로 바로 나의 하고자 함(意慾)에서 인이 생겨날 수 있다는 것을 의미한다. 이에 대한 여대림(呂大臨)의 풀이다. '자공은 인에 뜻을 두었으나 한갓 고원(高遠)한 것을 일삼아 그 방법을 알지 못하였다. 그러므로 공자는 자신에게서 취하는 것으로 가르쳐 주신 것이니, 이것이 바로 仁을 행하는 방법이니, 비록 널리 베풀고 많은 사람을 구제하는 것이라도 또한 이로부터 시작되어 나아가는 것이다'라고 풀었다. 仁은 자신의 사사로움의 극복에 최선을 다하는 자신을 향한 忠과 남을 향한 恕이다.

"자로" 19장에서 번지의 仁에 대한 계속된 질문에 공자는 어진 정치를 하기 위해서는 공(恭) 경(敬) 충(忠) 세 가지가 반드시 있어야 함을 말하고 있다. "양화" 6장에서 자장이 공자에게 仁을 묻자 공자가 恭(공손함), 寬(너그러움), 信(미더움), 敏(민첩함), 惠(은혜로움) 다섯 가지 덕을 행하는 것이 仁을 위한 것이라고 했다. "안연" 2장에서 중궁이 仁에 대한 질문에 공자의 대답은 '공경(恭敬)과 겸손의 마음가짐을 잃지 말고 자신이 하고자 하지 않는 것을 남에게 베풀지 말아야 한다(己所不欲 勿施於人)'이다. "안연" 3장에서 사마우가 仁에 관해 묻자(問仁) 공자는 '어진 사람은 말을 조심한다고(仁者其言也訒)' 말했다. "자로" 27장에서 간명하게 仁에 가까운 사람의 특성을 제시한다. 공자는 '강직하고 굳세고 질박하고 어눌한 것이 仁에 가깝다(剛毅木訥 近仁)'고 말했다. 또 "학이" 2장에서 유자(有子)가 말했다. '孝와 弟가 仁을 행함(爲仁)의 근본이므로 仁에 도달하는 길은 바로 가장 가까운 孝悌에서 출발한다(孝弟也者 其爲仁之本與)'는 것이다. "자로" 19장, "양화" 6장, "안연" 2와 3장, "자로" 27장과 "학이" 2장에서는 仁을 실행하기 위해 갖추어야 할 보다 구체적인 덕목들이 제시되고 있다.

"자로" 19장에서 번지가 세 번째 인을 묻자(問仁) 공자는 말했다.

'거처할 때 공손히 하고 일을 집행할 때 삼가는 마음을 잃지 않으며 남과 사귈 때 충심을 다하는 것은, 비록 오랑캐 땅에 갈지라도 버릴 수 없다
(居處恭 執事敬 與人忠 雖之夷狄 不可棄也).'

번지는 [논어]에서 세 차례 仁에 대한 질문을(問仁) 한다. 그런데 호인(胡寅)은 내용에 따라 그 세 가지에 순서가 있다며 여기에 나온 問仁이 첫 번째이고, "옹야" 20장이 그 다음, "안연" 22장이 마지막이라고 말한다. 이 장에서 공자는 어진이가 올바른 사회생활을 하기 위해서는 공(恭) 경(敬) 충(忠) 세 가지가 반드시 있어야 함을 말하고 있는 것이다. 첫째는 거처함에 공손히(恭) 하라고 말한다. 주희의 풀이대로 공(恭)은 외적인 모습을 말한다. 어딘가에 나아가고 머물 때 몸에서 공손함이 우러나오도록 하라는 것이다. 둘째는 일을 집행함에 공경한(敬) 마음을 잃지 말라고 한다. 敬은 내면적인 마음이다. 셋째는 사람을 대함에 최선을 다하는 마음(忠)을 유지하라고 말한다. 스스로 공손하고 겸손하게 일을 추진하고 충심으로 사람을 대하는 자세는 설사 오랑캐 나라에 가더라도 버려서는 안 되는 것이다. 仁을 몸에 체화하여 실천하게 될 경우 정치는 올바른 길로 갈 수 있다는 말이다.

"양화" 6장에서 자장이 공자에게 인을 묻자(子張問仁於孔子) 공자가 **'능히 다섯 가지 덕을 천하에 행하는 것이 인을 위한 것이다(能行五者於天下爲仁矣)'** 라고 말했다. 자장이 그것이 무엇인지를 묻자 공자는 자세히 설명했다. 즉 다섯 가지 덕은 恭(공손함), 寬(너그러움), 信(미더움), 敏(민첩함), 惠(은혜로움)이다. 또 "요왈" 1장에서도 백성들에게 관대하고(寬), 믿을 주고(信), 일을 신속하고(敏) 잘 처리하면 백성들이 지도자를 잘 따른다고 했다.

'공손함, 너그러움, 믿음, 민첩함, 은혜로움이다. 공손하면 남들로부터 업신여김을 당하지 않고, 너그러우면 뭇사람들을 얻게 되고, 믿음을 주면 사람들이 따르고, 민첩하면 공이 있게 되고, 은혜로우면 충분히 사람을 부릴 수 있다(恭寬信敏惠 恭則不侮 寬則得衆 信則人任焉 敏則有功 惠則足以使人).'

공자는 하나씩 뜻풀이를 해준다. 첫째, 공자는 '공손하면 남들로부터 업신여김을 당하지 않는다(恭則不侮)'고 말한다. 공(恭)은 곧 자신을 낮추는 것이다. "학이" 13장에서 유자가 '공손한 태도가 예에 가까우면 치욕을 당할 일은 멀어진다'고 말한 것과 같이 예에 맞게 공손 하라는 뜻이다.

둘째, 공자는 '너그러우면 뭇사람들을 얻게 된다(寬則得衆)'고 말한다. 하지만 관대하되 무원칙해서는 안 된다. 恭이나 寬이 중요하지만 예를 통해 절제가 되어야 한다.

셋째, 공자는 '믿음을 주면 사람들이 따른다(信則人任焉)'고 말한다. 여기서 믿음은 말의 믿음이다. 즉 통치자가 말을 할 때는 반드시 그것을 지킴으로써 믿음을 줘야 한다는 것이다.

넷째, 공자는 '민첩하면 공이 있게 된다(敏則有功)'고 말한다. 여기서 공(功)이란 일(事)을 이루는 성공(成功)을 말한다. "학이"14장에서 '敏於事而愼於言'이라고 했는데 敏於事는 '일을 할 때는 민첩하게 한다'는 뜻이고, 愼於言은 바로 信을 풀이한 것이다.

다섯째, 공자는 '은혜로우면 충분히 사람을 부릴 수 있다(惠則足而事人)'고 말한다. 은혜로써 백성을 보살피면 얼마든지 (강압에 의하지 않고) 의롭게 사람을 부릴 수 있다는 뜻이다. 惠는 따뜻한 보살핌과 통하고, 족은 의롭게(義)와 통한다.

"안연" 2장에서 이번에는 仲弓이 인에 관해 묻자 공자는 말했다(仲弓問仁 子曰).

'문을 나서면 큰 손님을 뵈온 듯이 하고, 백성을 부릴 때는 큰 제사를 받들 듯이 하며(出門如見大賓 使民如承大祭), 자신이 하고자 하지 않는 것을 남에게 베풀지 말아야 하니(己所不欲 勿施於人), (이렇게 하면)나라에 있어도 원망함이 없으며, 집안에 있어도 원망함이 없을 것이다(在邦無怨 在家無怨).'

중궁은 염옹(冉雍)의 자이며 "옹야"편의 제목 '옹(雍)'이 바로 중궁이다. 주희에 따르면 중궁은 사람됨이 중후하고 소탈 과묵하였는데 이 중궁이 이번에는 공자를 향해 직접 仁을 묻고 있는 것이다.

공자는 세 가지를 말해준다. 첫째, 집 밖을 나서면 큰 손님을 뵌 듯이 하라는 타인을 공경하고 겸손해 하는 마음을 가질 것을 지적하고 있다. 둘째, 백성을 부릴 때 큰 제사를 지내듯 하라는 공경(恭敬)의 마음가짐을 잃지 말라는 것이다. 셋째, 자신이 하고자 하지 않는 것을 남에게 베풀지 말아야 한다(己所不欲 勿施於人)고 한다. 이 말은 앞의 두 가지를 행할 때의 마음자세를 요약해서 표현한 것으로 집 밖에 나갔을 때 겸손하고 공경(恭敬)하는 마음자세로 사람들을 대하라는 것이다. "위령공" 23장에서 자공이 한마디 말로 종신토록 행할 만한 것이 있습니까하고 질문하자 공자가 '그것은 恕이다'라고 대답하면서 풀이한 말로 仁에 가장 가까운 뜻이다. 주희는 이를 함축적으로 풀이한다. '경(敬)으로써 자기 몸을 지키고(敬以持己) 서(恕)로써 남에게 미친다면(恕以及物) 사사로운 욕심(私意)이 용납할 곳이 없어서 마음의 덕이 온전해질 것이다(則私意無所容而心德全矣).'

"안연" 3장에서 사마우가 인에 관해 묻자(司馬牛問仁) 공자는 말했다.

'어진 사람은 그 말을 조심하여 함부로 하지 않는다
(仁者 其言也訒).'

이어서 사마우가 '(나의 경우) 말만 조심하여 함부로 하지 않으면 그것이 인이라 이를 수 있는 것입니까'라고 다시 묻자 공자가 답했다.

'인을 행하기는 지극히 어려운 것이다. 과연 말하기를 어렵게 여기지 않을 수 있겠는가(爲之難 言之得無訒乎)?'

"안연"편에서 안연과 중궁에 이어 사마우가 仁에 대한 세 번째 물음이다. 이는 앞의 두 물음과는 차원이 다르다. 수준이 낮다. 그것은 질문자의 수준이 앞의 두 사람에 비해 낮기 때문이다. 사마우(司馬牛)의 이름은 이(犁)다. 그의 형은 사마상퇴(司馬向魋)다. 이때는 向을 상으로 읽는다. 사마우의 물음에 간략하게 답한다. '어진 사람은 그 말을 조심하여 함부로 하지 않는다.' 인(訒)에는 물론 참는다는 뜻도 있지만 말을 더듬다, 과묵하여 함부로 말하지 않다, 둔하다 등의 뜻이 강하다. 여기서는 과묵하여 함부로 말하지 않는다는 뜻에 가깝다. 주희는 '공자께서 사마우가 말이 많고 조급(躁)하기 때문에 이런 식으로 말씀해 주어서 말을 삼가게 한 것이다'고 풀이한다. 이에 사마우는 '나의 경우 말만 조심하여 함부로 하지 않으면 그것을 인이라 이를 수 있는 것이냐'고 다시 물었다. 이에 공자가 답한다. '인을 행하기는 지극히 어려운 것이다. 과연 말하기를 어렵게 여기지 않을 수 있겠는가?' 즉 그것은 인을 향해 나아가는 첫 걸음 정도에 불과한데 그는 이렇게 한심하게 되물은 것이다.

"자로" 27장에서 제자의 질문 없이 공자는 간명하게 仁에 가까운 사람의 특성을 말했다.

'강직하고 굳세고 질박하고 어눌한 것이 인에 가깝다 (剛毅木訥 近仁).'

공자는 이 네 가지(剛毅木訥) 중에서 어느 하나라도 몸에 익힌다면, 이는 어짊에 한 발자국 더 다가간 것이 된다고 여겼다. 공자는 '의지가 강직하여 굽힘이 없고(剛), 행위가 과감하여 머뭇거림이 없고(毅), 성정이 질박하여 인정이 두텁고(木), 말이 느리고 둔하여 믿음이 있는(訥) 이 네 가지 본성과 행위는 모두가 仁에 가깝다'하여 사람들로 하여금 교언영색을 멀리하고 강직하여 굴하지 않고 성실하고 진실할 것을 권장하고 있다.

"학이" 2장에서는 공자가 아닌 유자(有子)가 말했다.

'그 사람됨이 효도하고 공경하면서 윗사람을 범하기를 좋아하는 자는 드물다(其爲人也孝弟而好犯上者 鮮矣). 윗사람을 범하기를 좋아하지 않으면서 난을 일으키기를 좋아하는 자는 없다(不好犯上而好作亂者 未之有也). 군자는 근본에 힘쓰니, 근본이 서야 도가 생겨난다 (君子務本 本立而道生). 효제는 인을 행하는 근본이다 (孝弟也者 其爲仁之本與).'

그 사람됨(其爲人)으로 보아 부모에게 효도(孝)하고 형이나 윗사람을 공경(弟)하면서 윗사람(上)에게 대들거나 거슬리는 행동을 하는(犯) 사람은 드물다(鮮)는 것이다. 윗사람을 범하는 것을 좋아하지 않으면서 반역이나 반란을 일으키기(作亂)를 좋아하는 사람은 없다고 단언한다. 군자는 근본(本)에 힘을 써야(務)한다. 이렇게 해서 근본이 확립되고 나면(本立) 마침내 도(道)가 자연스럽게 생겨나게 된다. 즉 바로 孝와 弟가 仁을 행함(爲仁)의 근본이므로 인에 도달하는 길은 바로 가장 가까운 孝悌에서 출발한다는 것이다. 인자가 갖추어야할 구체적인 덕목으로 지금까지 언급된 항목을 종합하면 다음과 같이 恭, 敬, 忠, 寬, 信, 敏, 惠, 剛, 毅, 木, 訥, 孝悌 등이다. 이 중에서 몇 가지만 갖추어도 이진이(仁者)에 가까워질 수 있지 않을까 여겨진다.

제3장 忠恕에서 살펴본 것과 같이 仁에 가장 가까운 표현이 忠恕이므로 다시 한 번 그 내용을 음미해 본다. "이인" 15장에서 공자는 제자인 증자(曾子)의 이름 삼(參)을 친근하게 부르며 그동안 했던 이야기를 한 마디로 총괄한다.

'삼아! 내 도는 한줄기로 관철되어 있느니라
(參乎 吾道一以貫之).'

다른 제자들은 선문답 같은 이 대화에 어리둥절했다. 그래서 공자가 나가자 제자들은 증자에게 그게 무슨 말이냐고 물었다. 증자가 대답한다.

'선생님의 도는 충서일 따름이라네
(夫子之道 忠恕而已矣).'

여기서도 忠恕는 仁과 거의 비슷한 의미이거나 仁의 중요한 부분임을 알 수 있다. 仁은 자신을 향한 忠과 남을 향한 恕이기 때문이다. 증자는 공자의 도를 알고 있고, 공자 또한 증자만이 자신의 도를 제대로 알고 있다는 것을 알고 있었다.

먼저 "위령공" 23장에서 자공이 '**한마디 말로 평생토록 행할 만한 것이 있습니까**(有一言而可以終身行之者乎)' 라고 묻자 공자가 말했다.

'그것은 恕일 것이다. 자기가 하고 싶지 않는 것을 남에게 베풀지 않는 것이다(其恕乎 己所不欲 勿施於人).'

군자가 되려면 반드시 지키기 위해 노력해야 하는 지침 한 마디를 자공이 물어본 것이다. 여기서 공자는 '그것은 다름 아닌 서(恕)다'라고 말한 다음 그 뜻을 '己所不欲 勿施於人'이라고 풀이한다. 공자는 "안연" 2장에서 이미 중궁이 仁에 관해 묻자 '己所不欲 勿施於人하라'고 답한 바 있다. 앞의 "이인" 15장에 나오는 '一以貫之'가 바로 忠恕였고, 여기서 '有一言'은 恕이므로 忠恕와 恕는 동일한 의미를 가진다고 생각할 수 있다. 따라서 나를 향한 忠과 상대방을 향한 恕를 합한 忠恕가 공자 사상의 정수인 仁에 가장 가까운 표현이라 생각할 수 있다.

"공야장" 11장에서 恕의 의미에 가까운 내용이 또 나온다. 知者인 자공이 말한다.

'저는 남이 저에게 억지 쓰는 것을 바라지 않고 (我不欲人之加諸我也), 저 또한 남에게 억지 부리기를 바라지 않습니다(吾亦欲無加諸人).'
공자가 말한다.
'사야(賜也) 네가 해낼 수 있는 바가 아니다(非爾所及也).'

이 말은 공자 사상의 핵심개념 중 하나인 恕를 뜻하는 '己所不欲勿施於人("안연" 2장, "위령공" 23장)'과 같다. 이 장에서 공자는 정작 자공이 그렇게 하기 위해 애쓰겠다고 하니까 '사(賜, 자공)야 그것은 네가 미칠 수 있는 바가 아니다'고 말한다. 자공이 仁의 실행에 대해 너무 쉽게 생각하자, 더 노력할 것을 권하고 있다. 주희는 '無加諸人(무가저인)과 勿施於人(물시어인)'의 뉘앙스를 구별하면서 無는 자연히 그러한 것이고, 勿은 금지하는 말이라고 보았다. 억지로 노력해서라도 '己所不欲勿施於人'하려는 것은 恕에는 이르지만 仁이라고는 할 수 없다는 의미이다.

또 [논어]에 등장하는 忠을 정리해 보면 다음과 같다. "학이"8장에서 군자가 되려면 충신(忠信)을 근본바탕으로 삼아야 한다(主忠信)고 말한다. 자신에게 정직하고(忠) 남에게 믿음을 주는데(信) 최선을 다한다는 뜻이다. "자한" 24장에도 '主忠信'이 나온다. "안연"10장에도 덕(德)을 높이는 방법으로 '主忠信'하고 의(義)를 지키라고 말한다. "술이" 24장에도 공자는 제자를 가르칠 때 문(文), 행(行)과 충(忠)과 신(信) 네 가지를 가르쳤다. "위령공" 5장에서 '말에 충신이 있고(言忠信)'할 때의 충도 진심과 최선을 다하라는 뜻이다. 반면 "위정" 20장에서 어떻게 하면 백성들이 충성(忠)을 할 것인가라고 할 때의 忠은 윗사람에 대한 충성이다. “팔일” 19장에서 ‘임금은 신하를 예(禮)로써 부리고, 신하는 임금을 충(忠)으로 섬겨야 한다’고 할 때의 忠은 忠誠이다.

9. 爲政(국가 경영)

'政은 바로잡는 것입니다. 대부(子)께서 바로잡는 것으로 통치를 한다면 감히 누가 바르게 되지 않겠습니까 (政者正也 子帥以正孰敢不正)?' – "안연" 17장

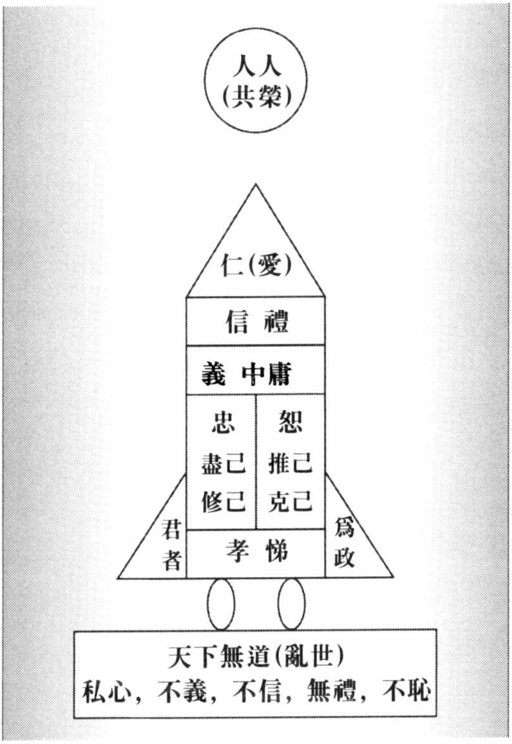

9. 爲政(국가 경영)

政은 '일하다, 회초리로 치다'의 뜻을 나타내는 '攵(복)'자와 음을 나타내는 '正'이 합하여 이루어졌다. 따라서 政은 무력으로 상대방을 지배하는 일(征), 또는 부정한 것을 바로 잡는 일(正)의 뜻이 된다. "안연" 17장에서도 공자는 **'정(政)은 바로잡는 것이다(政者正也)'** 고 말했다. 정치가는 먼저 자신의 몸을 바로 가지고 세상의 부정을 바로잡아 백성의 믿음을 얻으려고 노력해야 한다. 그러면 세상도 자연히 다스려진다고 설명할 수 있다. 공자 자신도 쉰한 살의 나이에 등용이 되어 몇 년 동안 정치에 직접 참여하였으며, 55세 때는 여러 명의 제자를 대동하고 14년 동안 여러 제후국을 여행하면서 정치에 대하여 묻기도 하고, 물음에 답도 하고, 참여할 기회를 얻고자 했다. 그러한 내용들이 [논어]의 여러 편에 실려 있고, 특히 "위정"편, "안연"편, "자로"편과 "요왈"편에서 집중적인 정치에 관한 다양한 물음에 대한 공자의 대답을 살펴본다.

9.1 공자시대의 정치사회

공자가 살았던 시대에는 夏, 殷(商), 周가 멸망하고 많은 제후국들이 난립하는 정치질서의 문란과 하극상이 난무하는 天下無道의 상황이었다. 왕권이 미약해져서 정권이 大夫의 손에 떨어지고 大夫는 다시 家臣에게 붙잡힌 때이다(권력 이동 : 天子(皇帝) ➔ 諸侯 ➔ 大夫 ➔ 家臣). 따라서 [논어]에서 천하에 도가 있을 때와 없을 때를 비교하는 사례가 많이 인용된다. 몇 가지 사례를 살펴봄으로서 공자가 살았던 시대상을 회고해 본다.

[논어]에서 천하무도를 나타내는 대표적인 사례는 다음과 같다. "계씨" 2장에서 천하에 도리가 살아 있다면(天下有道) 禮樂의 시행과 대외정벌은 天子로부터 나오고, 天下無道에서는 천자가 아닌 그 아래의 제후로부터 나온다고 한다. 또 天下有道이면 정사가 제대로 될 것이므로 아랫사람들이 함부로 정사에 대해 논의하지 않는다고 했다. 이 장에서 천하에 도리가 있고 없음을 정의하고 있다. 공자는 말했다.

'천하에 도리(道)가 (살아) 있다면 예악 시행과 대외 정벌
(의 주도권)은 천자(황제)로부터 나오고
도리가 없다면 천자가 아닌, 그 아래의 제후로부터 나온다
(天下有道 則禮樂征伐自天子出 天下無道 則禮樂征伐自諸侯出).
제후로부터 명이 나오게 되면 십대 안에 정권을 잃지 않는
경우(不失)가 드물고(希), 그 아래 대부로부터 나오면
오대 안에, 그리고 가신(陪臣)이 나라의 명을 잡으면
삼대 안에 잃지 않는 경우가 드물다
(自諸侯出 蓋十世希不失矣 自大夫出 五世希不失矣 陪臣執國命 三世希不失).
천하에 도리가 살아 있다면 정사(의 주도권)가 대부에게 있지
않고, 천하에 도리가 살아 있다면 (정사가 제대로 될
것이므로) 아랫사람들(庶人)이 함부로 정사에 대해 의논하지
않는다(天下有道 則政不在大夫 天下有道 則庶人不議).'

질서문란, 하극상(下剋上)을 극도로 경계한 공자의 정치관이라 할 수 있다. 예악 시행과 대외 정벌의 명이 천자로부터 나오면 천하는 도리가 살아 있는 것이고 제후로부터 나오면 천하는 無道하다고 할 수 있는 것이다. 공자는 다시 간략하게 정리한다. 천하에 도리가 살아 있다면 정사의 주도가 대부에게 있지 않고, 천하에 도리가 살아 있다면 정사가 제대로 될 것이므로 아랫사람들이 함부로 정사에 대해 의논하지 않는다.

"팔일"편은 정치의 질서가 무너져 내려 예악(禮樂) 또한 엉망이 되어버린 상황에 대하여 주로 묘사한다. "팔일" 1장에서는 노나라 대부 계강자가 천자가 쓰는 팔일무(八佾舞)를 자기 집 정원에서 추게 하자 공자의 개탄으로 시작하고 있다. 공자는 계씨에 대해 이렇게 평했다.

'제 집 뜰에서 천자의 팔일무(八佾)를 춤추게 하다니(八佾舞於庭), 이런 참람한 짓을 보고서도 그냥 참고 받아들인다면(是可忍也) 앞으로 어떤 패륜행위인들 참고 받아들이지 못하겠는가(孰不可忍也)?'

일(佾)의 뜻을 살펴보면 춤추는 줄, 줄 서서 추는 춤의 뜻이다. 그러므로 팔일(八佾)은 8줄짜리 춤으로 가로 세로 8줄이면 모두 64명이 추는 춤으로 이는 곧 천자(天子-황제)의 춤이다. 제후(諸侯)는 6줄(36명), 대부(大夫)는 4줄(16명), 사(士)는 2줄(4명)이다. 계씨(季氏)란 노나라 대부(大夫) 계강자(季康子)로 제후도 아닌 대부로 四佾舞를 사용해야 하나 팔일무를 자기 집 뜰에서 추게 하였으니 단순히 예법에 어긋난 정도가 아니라 천자를 범한 것이다. 이에 공자는 '이런 참람한 행위를 보고서 그냥 참고 받아들인다면 앞으로 무엇인들 참고 받아들이지 못하겠는가?'라고 한탄한다. 참람(僭濫)은 아래가 위를 범하는 것을 뜻한다.

"팔일" 2장에서는 노나라 삼가(三家) 대부인 맹손, 숙손, 계손 세 집안에서 제사를 지내고 철상할 때 부르는 노래가 천자의 종묘제사에 사용되는 노래를 도용한 것에 대한 비판을 하고 있다. 예악(禮樂)이 제대로 시행되지 않음을 보여주는 좋은 사례이다. 공자가 말했다.

"제사를 돕는 이가 제후들인데(相維辟公)
'천자는 위풍당당하게 계시는도다(天子穆穆)' 라는
주송(周頌)의 옹(雍)을 어쩌자고 세 대부가 자기들 사당에서
따서 쓴단 말인가(奚取於三家之堂)?"

앞장이 예악과 관련된 형식의 문제였다면 이번에는 내용의 문제를 다룬다. '이옹철(以雍徹)'은 (제사를 마친 후) 시경에 실린 '옹장(雍章)'을 노래로 부르며(연주하며) 철상(撤床: 제사상을 물리다)을 했다는 뜻이다. 결국 공자는 대부에 불과한 삼가가 천자의 종묘제사에 사용하는 노래를 참람하게 도용해서 쓴 것에 대해 강한 비판을 가하고 있다.

"미자"편 전체는 나라에 道가 없을 때 세상과의 거리두기(去)를 실행한 진정한 어진 이를 다룬다. 세상과 거리두기는 관직을 버리고 나라를 떠나는 것이고, 때로는 세상 전체를 버리고 초야에 숨어 버리는 것이다. 제1 ~ 4장에는 미자, 유하혜, 공자의 사례를 통하여 나라에 道가 없을 때 관직을 버리는 것의 중요성을 강조하고 있다. 제5 ~ 9장에서는 세상을 완전히 버리는 隱者나 逸民의 문제점을 비판한 다음 다시 세상의 道를 회복하는 문제를 이야기했다. 그리고 10장에서는 반전으로 어떠해야 세상에 道가 갖춰졌다고 할 수 있는지에 대한 대안이 되는 네 가지 큰 원칙을 周公이 제시하고 있다. "미자" 10장에서 주공이 아들 노공에게 말했다.

'참된 군주는 그 친척을 버리지 않으며, 대신으로 하여금
써주지 않는 것을 원망하지 않게 하며
(君子不施其親 不使大臣怨乎不以),
선대왕의 옛 신하들이 큰 문제가 없는 한 버리지 않으며,
한 사람에게 모든 것이 갖춰져 있기를 바라지 않는다
(故舊無大故 則不棄也 無求備於一人).'

"미자"편은 세상을 등지는 逸民들에 대한 이야기였다. 그들이 逸民이 된 이유는 세상에 도가 없기 때문이다(天下無道). 결국 세상에 道가 갖추어지면 이들은 세상으로 돌아올 것이다. 그렇다면 어떠해야 세상에 道가 갖춰졌다고 할 수 있는가? 이 장은 일종의 반전이다. 주공은 바로 그 대안이 될 수 있는 네 가지 큰 원칙을 여기서 제시하고 있다. "태백" 2장에서는 다시 두 가지로 좁혀진다. 즉 친척들에게 돈독히 하고 선왕의 옛 신하들을 존중하는 것이다.

또 "태백" 14장에서도 합당한 정사의 논의가 나라에 도가 살아 있는지를 나타내는 중요한 척도이다. 공자는 말했다.

'그 지위에 있지 않으면 그에 해당하는 정사를 도모하지 않는다(不在其位 不謀其政).'

위(位)는 조정에서 서는 지위이다. 대신의 지위에 있으면 마땅히 대신의 정사를 도모해야 하며, 미천하여 지위가 없는 자는 벼슬자리에 있는 자의 정사를 도모하지 않는다. 이 말은 임금은 임금다워야 하고 신하는 신하다워야 하는 德의 문제이면서 동시에 나라의 도가 살아 있는지를 살피는 중요한 척도이다. "계씨" 2장에서 공자가 말한 **'천하유도이면 정사가 제대로 될 것이므로 아랫사람들이 함부로 정사를 논하지 않는다'** 는 사례이다.

"위령공" 6장에서는 나라에 도가 있을 때는 화살처럼 곧더라도 나라에 도가 없을 때는 말을 신중히 함으로써 목숨을 보전할 줄 아는 위나라의 어진 대부 사어(史魚)의 정직 불굴함과, 거백옥의 군자적인 처세를 칭찬하고 있다. 거백옥의 진퇴(進退)가 군자의 그것에 부합했던 것이다. 군자에 대한 우리의 통념과는 정반대다. 곧기만 하다고 해서 군자는 아니라는 것이다. 공자는 말했다.

'곧도다. 사관 자어여! 나라에 도가 있을 때에 화살처럼 곧으며 나라에 도가 없을 때에도 화살처럼 곧도다
(直哉史魚 邦有道 如矢 邦無道 如矢).
군자로다, 거백옥이여(君子哉蘧伯玉)

나라에 도가 있으면 벼슬하고 나라에 도가 없으면 거두어 감추는 도다(邦有道則仕 邦無道則可卷而懷之).'

주희의 풀이에 따르면 史는 史官이라는 관직명이고, 魚는 위나라 대부를 가리키는 말로 이름은 추(鰌)다. 따라서 史魚란 사관인 子魚의 줄임말이다. 공자는 먼저 史魚라는 사람에 대해 '곧다(直)'고 칭찬한다. 나라에 도가 있을 때나 없을 때나 '화살과 같다(如矢)'고 높이 평가한 것이다. 공자는 사어가 끝내 등용시키지 못한 거백옥에 대해서는 '군자여!'라며 찬사를 보낸다. 거백옥이 군자인 이유를 공자는 '나라에 도가 있을 때는 벼슬을 하고, 나라에 도가 없을 때는 자신의 재능을 거두어 감추어두기 때문'이라고 했다. 거두고(卷) 감춤(懷)에 대해 주희는 이렇게 풀이한다. '거백옥의 출처(出處)가 성인의 도에 부합하였다. 卷은 거둠이요 懷는 감춤이니 예컨대 손림보(孫林父)와 영식(甯殖)이 군주를 추방하고 시해하려는 모의에 거백옥이 대답하지 않고 나간 것이 또한 그 한 가지 일이다.'

9.2 국가 경영의 근본

공자는 "안연" 7장에서 국가가 성립하기 위한 최종의 근거는 백성들의 믿음(信)이라고 한다. 풍족한 식량과 강력한 군대도 중요하지만 결국에는 누구나 죽기(皆有死) 때문에 믿음이 최후의 조건이라고 한다. 이 점을 공자는 '民無信不立(민무신불입)'이라는 표현을 통해 다시 한 번 강조한다. "학이" 5장에서 나라를 다스릴 때 매사에 신중과 최선을 다함으로써 백성들에게 믿음(敬事而信)을 줄 것을 강조했다. "자로" 16장에서 백성들이 기뻐하게 해야 하고, 그 결과 멀리 있는 사람들이 찾아온다고 말한다(近者悅遠者來). "자로" 17장에서 위정자는 근시안적인 태도를 버리고 원시안을 가지라고 강조한다. "안연" 17장에서 이렇게 되기 위해서는 마땅하지 않는 일이 있으면 바로잡아 불편부당함이 없게 하여 백성들이 마음으로 기뻐하고 진심으로 복종하게 해야 한다고 가르치고 있다.

"안연" 7장에서 자공이 바른 정치에 관해 묻자 공자는 대답했다.

'먹을 것을 풍족하게 하고, 군대를 강하게 하고, 백성들이 정치지도자들을 믿고 따르게 하는 것이다 (足食 足兵 民信之矣).'
이에 자공이 다시 물었다. '어쩔 수 없이 셋 중에 하나를 버려야 한다면 어떤 것을 먼저 버려야 하겠습니까 (必不得已而去於斯三者何先)?' 공자는 '군대(를 강하게 하는 일)를 버려야 한다(去兵)' 고 답했다.
다시 자공이 물었다. '어쩔 수 없이 나머지 둘 중에 하나를 버려야 한다면 어떤 것을 먼저 버려야 하겠습니까 (必不得已而去於斯二者何先)?' 공자는 답했다.
'양식을 버려야 한다. 예로부터 사람은 누구에게나 다 죽음이 있지만 백성들이 믿지 않으면 국가가 존립할 수 없다 (去食 自古皆有死 民無信不立).'

자공이 정치를 바르게 하려면 어떻게 해야 하느냐고 묻자 공자는 '풍족한 식량, 강한 군대, 백성들이 정치지도자를 믿고 따르게 하는 것' 이 세 가지를 들어 답한다. 자공이 어쩔 수 없이 셋 중에 하나를 버려야 한다면 어떤 것을 먼저 버려야 하느냐고 묻자 공자는 兵을 버리고 그 다음에 食을 버리고 '民信之'는 끝까지 남겨둔다. 이는 하나의 국가가 국가로서 성립하기 위한 최후 최종의 근거는 백성들의 신뢰라는 것을 보여주는 것이다.

"학이" 5장은 다스림(治人)의 요체를 제시한다. 즉 군주가 나라를 다스리는 기본 도리에 관한 실마리를 논했다. 공자는 말했다.

'(제후의 나라인) 천승지국을 다스릴 때라도 매사에 임할 때 공경하는 마음으로 일관함으로써 백성들의 믿음을 얻어내고, 재물을 쓸 때는 절도에 맞게 하여 사치를 멀리함으로써 백성들을 사랑해야 하며, 백성들을 부려야 할 경우에는 때에 맞춰 해야 한다(道千乘之國 敬事而信 節用而愛人 使民以時).'

'敬事而信'은 매사에 신중과 최선을 다함으로써 백성들에게 믿음을 준다는 것이다. '節用而愛人'은 나라의 재물을 사용함에 절도 있게 아껴 씀으로써 백성들을 사랑하는 것이다. '使民以時'는 불가피하게 백성들을 공사 등에 부려야 할 경우에는 때에 맞춰 즉 농사일을 하지 않는 농한기 때 시키도록 해야 한다는 것이다. 국가를 다스리는데 있어서 중요한 세 가지 기본 원칙을 제시하면서 일을 신중히 처리하여 백성들의 믿음을 얻으라고 첫 번째로 이르고 있다. 두 번째 및 세 번째 당부도 모두 백성의 신임을 얻는 일이다.

"자로" 16장에서 초(楚)나라 섭이라는 지역을 다스리던 관리인

섭공(葉公)이 공자에게 정치에 대하여 묻자 공자는 대답했다.

'가까이 있는 자들이 기뻐하고 멀리 있는 자들이 찾아오게 해야 한다(近者說 遠者來).'

섭공은 초나라 사람으로 섭이라는 현을 다스리던 지방 관리였다. 그런데도 참람하게 스스로를 공(公-임금)이라고 불렀다. 공자가 초나라를 찾았다가 만난 인물이다. 이 섭공이 바른 정치에 관해 묻자 공자는 가까이에 있는 자들이 기뻐하고 멀리 있는 자들이 찾아오게 해야 한다고 답한다. 흔히 줄여서 '近說遠來'라고 한다. 주희는 이 구절을 병렬관계가 아니라 인과관계로 풀이한다. 반드시 가까이 있는 자가 기뻐한 뒤에야 멀리 있는 자가 온다고 새길 수 있다. 즉 정치를 하려면 은덕을 베풀어 백성들이 마음으로 기뻐하고 진심으로 복종하게 해야 한다고 가르치고 있다.

"자로" 17장에서 공자의 제자인 자하가 정치하는 도리를 물음에 공자는 말했다.

'빨리 하려고 하지 말고 작은 이익을 보지 말아야 한다(無欲速 無見小利). 빨리 하려고 하면 달성하지 못하고, 작은 이익을 보면 큰일을 이루지 못한다(欲速 則不達 見小利 則大事不成).'

공자는 '빨리 하려고 하지 말고, 작은 이익을 보지 말아야 한다'며 그 이유는 '빨리 하려고 하면 달성하지 못하고, 작은 이익을 보면 큰일을 이루지 못하기 때문'이라고 설명한다. 이는 다스림에 있어서 근시안적인 태도를 버리고 원시안을 가지라고 가르치고 있다.

지금까지 백성의 믿음이 중요한 국가 존립의 조건임을 알아보았다면 이제 믿음을 얻기 위하여 실행되어야할 다음 조건에 대하여 살펴본다. "안연" 17장과 "자로" 6장과 13장에서 정치는 바로 잡는 것(政者正也)이라 했다. 마땅하지 않는 일은 백성들이 마땅하게 여기도록 바로 잡아야 하고 지도자 스스로도 몸과 마음을 바르게 해야 믿음을 얻을 수 있다. "자로" 3장에서도 자로가 위나라 군주가 정치에 참여시키려고 하니 스승님은 하시게 될 경우에 무엇부터 하시겠냐고 물의니 공자는 반드시 이름부터 바로잡겠다(必也正名乎)고 했다. "안연" 11장에서도 '君君 臣臣 父父 子子'이라 하여 이름을 바로 잡는 일과 같은 의미이다. "안연" 12장에서 공자는 현명한 지도자는 교묘한 모함과 정당한 비판을 잘 분별해야 한다고 말한다. "요왈" 1장에서는 통치를 할 때 집중(執中), 즉 지나치거나 모자람이 없는 中和의 길을 잃어서는 안 된다는 점을 분명히 했다.

"안연" 17장에서 계강자가 정치에 관해 묻자 공자는 간단하게 말한다.

'바로잡는 것입니다. 대부(子)께서 바로잡는 것으로 통치를 한다면 감히 누가 바르게 되지 않겠습니까
(政者正也 子帥以正孰敢不正)?'

'정치란 바로잡는 것(正)'이라고 말한다. 그리고 '대부께서 정(正)으로 통치를 한다면 감히 누가 바르게 되지 않겠습니까?'라고 덧붙인다. 이에 대한 호인(胡寅)의 풀이다. '노나라는 중엽 때부터 정사가 대부에게서 나오니, 가신들이 나쁜 버릇을 본받아서 읍을 점거하고 배반하여 바르지 못함이 심하였다. 그러므로 공자께서 이렇게 말씀하셔서 계강자가 바름(正)으로 스스로를 극복하여 삼가(三家)의 옛 버릇을 고치게 하고자 하신 것이었다. 계강자가 이욕(利慾)에 빠져서 이렇게 하지 못했다.'

"자로" 6장에서 공자는 바로잡는(正) 다는 것은 곧 지도자가 스스로의 몸과 마음을 바로 하는 것이라고 다음과 같이 말했다.

'그 몸이 바르면 명령하지 않아도 행해지고,
그 몸이 바르지 못하면 명령하여도 따르지 않는다
(其身正 不令而行 其身不正 雖令不從).'

정치란 바로잡는 것이라는 원칙을 말하고 있다(政者正也). 지도자가 스스로 몸과 마음을 바로하면 백성들이 보고 저절로 따르는 자율적인 통치가 이루어진다는 의미이다.

또 "자로" 13장에서도 6장과 같이 정치지도자는 먼저 몸과 마음을 바로 해야 한다고 공자는 말한다.

'진실로 그 자신을 바로 한다면 정사를 펼침에 무슨 일이
있겠으며, 능히 그 몸을 바로 하지 못한다면

어떻게 다른 사람을 바르게 하겠는 가
(苟正其身矣 於從政乎何有 不能正其身 如正人何)?'

공자는 위정자가 진실로 그 자신을 바로 한다면 정사를 펼침에 무슨 (어려운) 일이 있겠으며 능히 그 몸을 바로하지 못한다면 어떻게 다른 사람을 바르게 하겠는가라고 말한다. 즉 정치의 출발점은 위정자 자신이 몸을 바로 하는 것임을 의미이다. 지도자가 솔선하여 바르게 되도록 노력해야한다. 또 "안연" 16장에서 군자가 하는 일, 즉 바로잡는 정치란 **'군자는 사람들의 좋은 점을 완성시켜주고 사람들의 나쁜 점은 이루어주지 않는 것(君子成人之美 不成人之惡)'** 이라고 했다.

"자로" 3장에서 자로가 물었다. '위나라 군주가 스승님을 정치에 참여시키려고 하니 스승님은 정치를 하시게 될 경우 무엇을 우선시하시렵니까?' 공자는 말했다.

'반드시 이름부터 바로잡겠다(必也正名乎).'

자로가 공자에게 질문한 이때에 衛나라 군주는 출공(出公) 괴첩(蒯輒)이고, 노나라 애공(哀公) 10년 무렵으로 공자가 초(楚)나라에 갔다가 위나라로 온 것이 이때이다. 출공은 위나라 영공(靈公)의 태자 괴외(蒯聵)의 아들이다. 괴외가 부왕(父王) 영공의 총희(寵姬) 남자(南子)를 죽이려다 실패하고 진(晉)나라로 망명하는 바람에 영공이 죽은 후에 괴첩이 왕위에 올라 출공이 된다. 그리고 진나라의 힘을 빌려 왕위를 되찾으려는 아버지 괴외의 귀국을 막고 있었다. 그러므로 자로의 질문에 공자는 '반드시 이름(名)부터 바로 잡겠다'

고 답한다. 공자는 필시 이처럼 '아버지는 아버지답지 못하고' '아들은 아들답지 못한' 상황을 겨냥한 것으로 보인다. 주희의 풀이다. '이때 출공은 자기 아버지 괴외(蒯聵)를 아버지로 여기지 않고 자기 할아버지 영공(靈公)을 아버지로 삼아 명칭과 실제가 문란하였다. 그러므로 공자는 이름을 바로잡는 것을 우선으로 삼으신 것이다.' 자로의 질문에 공자는 '반드시 이름(名)부터 바로 잡겠다'고 답한다. 그러나 자로에게 이런 대답은 공허하게 들렸다. 뭔가 실제적인 대답을 기대했다가 원론적인 답변에 실망을 했던 것이다. 공자는 계속 말한다.

'이름이 바르지 못하면 말이 순하지 못하고, 말이 순하지 못하면 일이 이루어지지 못하고(名不正則言不順 言不順則事不成), **일이 이루어지지 못하면 예악이 흥하지 않고, 예악이 흥하지 못하면 형벌이 알맞지 못하고, 형벌이 알맞지 못하면 백성들이 손발을 둘 곳이 없게 된다**(事不成則禮樂不興 禮樂不興則刑罰不中 刑罰不中則民無所措手足).
고로 군자는 이름을 붙이면 반드시 말할 수 있고, 말할 수 있으면 반드시 행할 수 있는 것이니 그 말에 구차히 함이 없을 뿐이다(故君子名之必可言也 言之必可行也 君子於其言 無所苟已矣).'

자로가 잘 알지 못했던 바를 구체적으로 설명해 준다. 정약용의 풀이다. 먼저 공자는 명실상부(名實相符)가 만사의 출발점이며 이런 名과 實을 바로잡는 것이 정치의 요체라고 말한다. '이름을 바로잡겠다(正名)'에 대한 정약용의 풀이다. '이때 괴첩(蒯輒)은 위나라의 군주로 일컬어지고 (그의 아비) 괴외(蒯聵)는 위나라 세자라 일컬어졌다. 부자와 군신의 이름이 거꾸로 전도되어 인륜을 상실하였는데, 이 이름을 바루고자 하면 괴첩이 마땅히 아비를 맞아들여 양보하고 세자의 자리에 있어야 한다.'

'말이 순하지 않다(言不順)'에 대한 정약용의 풀이다. '말의 순서가 없다는 뜻으로, 아비는 국외에 있으면서 세자라 일컫고 아들 첩은 엄연히 스스로 군주라 칭하니, 말이 순하지(도리에 맞다) 않은 것이다. 명분을 바로 하는 것이 위나라 정치에서 가장 먼저 할 일이라고 설명하고 있다.

"안연" 11장에서 제나라 경공이 공자에게 정치하는 법에 관해 묻자 공자는 이렇게 대답한다.

'임금은 임금다워야 하고 신하는 신하다워야 하며 아버지는 아버지다워야 하고 자식은 자식다워야 합니다
(君君 臣臣 父父 子子).'

또 이 말을 들은 경공은 이렇게 말한다.

'좋은 말이다. 진실로 임금이 임금답지 못하고
신하가 신하답지 못하고 아비가 아비답지 못하고
자식이 자식답지 못하면 제아무리 곡식이 많이 있다 한들
그것을 먹을 수 있겠는가
(善哉 信如君不君 臣不臣 父不父 子不子 雖有粟 吾得而食諸)?'

齊景公(제경공)은 제나라의 임금(B.C. 547~490 재위)으로 성이 강(姜), 이름이 저구(杵臼)이다. 공자는 기원전 517년 노나라의 내란을 피해 제나라로 갔을 때 그와 이야기를 나눈 적이 있다. 공자의 명성을 전해 들어 익히 알고 있던 경공이 공자에게 정치하는 법(政)에 묻자 공자가 이렇게 대답했다. 즉 임금, 신하, 아버지, 아들이 각자 자신에게 주어진 德을 최대한 높이도록 하는 것이야말로 선정(善政)이라는 것이다. 이렇게 말한 이유를 주희는 다음과 같이 풀이한다. '이때에 경공(景公)이 정권을 잃어서 대부인 진씨(陳氏)가 온 나라 백성들에게 은혜를 베풀었으며, 또 경공(景公)이 총애하는 여자가 많아 태자를 세우지 않아서 군신(君臣) 간에 그리고 부자(夫子) 간에 그 道를 잃었다.' 그래서 공자께서 이렇게 말씀해 주신 것이다. 결국 공자는 경공(景公)이 군주로서의 임금다움을 상실했음을 지적하고 있다. 이장은 정치(政)를 바로잡는 것(正)으로 본 "안연" 17장과 정치(政)를 이름을 바로잡는 것(正名)으로 정의한 "자로"3장과 연결된다.

"안연" 12장에서 자장은 드물게 밝음(明)에 관한 질문을 한다(子張問明). 공자는 다음과 같이 대답한다.

'서서히 젖어드는 참소(讒訴)와 피부에 와 닿는 하소연(愬)이 행해지지 않는다면 그 정사는 밝다고 이를 만하다(浸潤之譖 膚受之愬 不行焉 可謂明也已矣)**. 그런 참소와 하소연이 행해지지 않는다면 멀리 본다고(遠) 이를 만하다**
(浸潤之譖 膚受之愬 不行焉 可謂遠也已矣)**.'**

명(明)에는 많은 뜻이 있으나 여기서는 무엇보다 공(公)과 같은 뜻이다. 공자는 다음과 같은 두 가지 즉 서서히 젖어드는(浸潤) 참소(譖訴 : 남을 헐뜯어 없는 죄를 있는 것처럼 꾸며서 고해바침)와 사정(私情)에 바탕을 둔 피부에 와 닿는(膚受) 하소연(愬 : 자신의 억울함이나 원망을 하소연 하는 것)이 행해지지 않는다면 그 정사는 밝다고 이를 만하다고 말한다. 정치지도자의 경우 아랫사람들의 정적(政敵)에 대한 교묘한 참소와 정당한 비판을 구별하기 어려우며, 동시에 주변 친지들의 애절한 민원과 교묘한 청탁을 구별하기 또한 어렵다. 그 간계(奸計)를 식별하여 못 이루게 하는 것이 지혜롭고(사리에 밝다) 가까운 것에 가리지 않고 먼 곳을 보는 것이라고 할 수 있다. 지도자가 아무리 공명정대(公明正大)하려는 뜻을 갖고 있더라도 실제로 이 둘을 구분하지 못한다면 현명한 지도자가 될 가능성이 매우 낮다. 이는 정사를 맡아 하는 사람이라면서 신임 얻기를 원한다면 꼭 경계해야 할 일이다.

"요왈" 1장에서 요임금은 순임금에게 자리를 이양하면서 다음과 같은 당부의 말을 했다.

'너 순(舜)아. 하늘의 뜻(曆數)이 마침내 너(躬)에게 있으니, 너는 왕위에 올라 진실로(允) 중화(中和)를 잡도록 하라 (咨爾舜 天之歷數在爾躬 允執其中). 만백성이 곤궁에 빠지면 하늘의 녹(祿) 또한 영원히 끊어질 것이다 (四海困窮 天祿永終 舜亦以命禹).'

지금 요(堯)임금이 순(舜)임금을 불러 왕위를 넘겨주려는 순간을 접하고 있다. 천명에 따라 왕위를 자식이 아니라 德이 있는 너에게 넘겨주니 부디 中和의 정신을 잃지 말고 통치에 임하라고 간절하게 당부하고 있다. 사욕을 버리고 오직 백성을 위하여 최선이 되는 지도자를 다음 임금으로 추대하는 모습이다. 즉 나라에 도가 있음을 보여주는 좋은 사례이다. 이어 정치하는 목적을 사해곤궁(四海困窮), 즉 백성들이 배고픔에서 벗어나는 데 두어야 한다는 점을 분명히 한다. 만백성이 곤궁에 빠지면 하늘의 녹(祿) 또한 영원히 끊어진다는 것이다.

결국 정치의 요체는 백성을 먹여 살리는 데 있다는 점을 잊어서는 안 된다는 점을 분명히 했다. 역으로 말하면 천명이 따르지 않거나 중화를 지키지 못하거나 백성구제에 실패하면 언제든지 왕의 자리에서 굴러 떨어질 수 있다는 것을 강조하고 있다. 따라서 정치 지도자는 백성들의 믿음을 얻기 위해서 덕치 및 예치를 시행하고, 현인을 등용하고, 또 스스로 솔선수범 하여야 한다.

9.3 德政과 禮治를 시행

德에 대한 설명을 살펴보면 다음과 같다. "안연"10장에서 공자는 개인의 사사로움을 극복하고 매사에 최선(忠)과 믿음(信)을 다하여 이(利)가 아니라 의(義)로 옮겨가려는 노력을(主忠信하며 徙義가 崇德) 하는 가운데 쌓이게 되는 정신적 공력(功力)이 바로 德이라 했다. "안연" 21장에서 '일을 먼저하고 이득을 뒤로 하는 것(先

事後得)이 덕을 높이는 것(崇德)아니겠는가?'하여 '先公後私'를 덕이라 말한다. 주희는 덕을 얻음(得)으로 풀이하여 도리를 행하여 마음에 얻음이 있는 것 혹 깨달음을 얻는 것이라고 정의한다(行道而有德於心).

德政의 중요함을 "위정" 1장과 "위정" 3장에서 살펴볼 수 있다. 먼저 "위정" 1장은 덕으로 정치를 하는 것, 혹은 덕을 제대로 갖춘 사람이 지도자에 있게 되는 경우를 북극성과 비교하여 덕치의 중요성을 설명하였다. 즉 천체의 현상을 빌려 도덕적 감화력으로 정치에 임할 것을 설명하고 있다. 공자는 말했다.

'정치를 덕(德)으로 하는 것은 비유컨대 북극성이 자기
자리에 머물러 있으면 뭇별들이 그것에게로 향하는 것과 같다
(爲政以德 譬如北辰 居其所而衆星共之).'

또 "위정" 3장에서는 보다 구체적으로 덕치와 예치의 필요성을 강조한다. 공자는 말했다.

'백성을 법령으로써 인도하고 형벌로써 가지런히 하면(규제)
백성이 법망을 면하려고만 하고 부끄러움이 없게 된다
(道之以政 齊之以刑 民免而無恥).
백성을 덕으로 인도하고 예로써 가지런히 하면
부끄러움을 알게 되고 또 감화될 것이다
(道之以德 齊之以禮 有恥且格).'

타율에 의한 정치보다 자율에 의한 정치를 이야기하고 있다. 도(道)는 인도(引導)와 같으니, 솔선수범(率先垂範)함을 말한다. 이때의 정(政)은 법제(法制)와 금령(禁令)을 말한다. 즉 '道之以政'이란 法令으로써 백성을 인도하거나 통치를 이끌어간다는 뜻이다. 齊는 여기서는 '가지런히 하다, 다스리다, 질서 정연하다'의 의미를 갖는다. 즉 제(齊)는 통일(統一)시키는 것이니, '齊之以刑'이란 인도해도 따르지 않는 자를 형벌을 가하여 통일시키는 것이다. 법제금령과 형벌로 다스리면 백성들은 그것들로부터 벗어나기에(免)만 힘쓰고 부끄러움(無恥)을 모르게 된다. 즉 타율(他律)이다. 법으로써 백성을 다스리는 것과 덕으로써 백성을 다스리는 그 우열을 논하고 있다. 반면에 德과 禮로 이끌면 부끄러움을 알게 되고 또(且) 스스로를 바로잡게(格) 된다. 자율이다. 여기서 부끄러움이란 염치(廉恥)를 뜻하고 최소한의 자존심과 연결된다. 공자가 이야기하는 의도는 法治를 쓰되 언제나 덕과 예로 그 것을 뒷받침하도록 하라는 것이다. 인도할 때는 법령과 덕 모두가 있어야 하고, 가지런히 할 때는 형벌과 예 모두 있어야 하는 것이다.

앞에서 "자로" 20장, "이인" 22장과 "헌문" 21장에서 부끄러움을 모르(無恥)는 사람은 자신의 불선(不善)한 행동을 부끄러워하지 않고 언행일치를 실행하지 않는다 했다. 德治과 禮治의 효능은 백성들이 자기도 모르는 사이에 날로 善으로 옮겨 가도록 만드는 것이다. 따라서 백성들에게 부끄러움을 알게 하는 것이 정치의 본질이다. 그러므로 백성을 다스리는 자는 한갓 그 말단만을 믿어서는 안 되며, 마땅히 깊이 그 근본을 탐구해야 할 것이다.

"이인" 13장과 "헌문" 44장에서 예치의 중요성을 설명하고 있다. 먼저 "이인" 13장에서 공자는 다음과 같이 말했다.

'예(禮)와 겸양(謙讓)으로써 나라를 다스린다면 무슨 어려움이 있겠는가(能以禮讓爲國乎 何有)? 예와 겸양으로써 나라를 다스릴 수 없다면 예가 있은 들 무엇 하겠는가(不能以禮讓爲國 如禮何)?'

'윗자리에 있는 사람이 겸손한 태도로 국가를 다스리면 상하가 화목하여 정도(正道)를 어지럽히는 일이 없을 것이니 나라를 다스리는 데 무슨 어려움이 있겠는가? 겸손한 태도 없이 나라를 다스린다면 예법은 오직 외형적으로 겉치레밖에 되지 않는데 그 예가 무엇을 할 수 있겠는가?'라고 하였다. 공자는 군자의 도(禮讓 : 예의 겸양 정신)를 나라 다스리기(爲政)에 적용했을 경우 어떻게 될 것인가를 물음의 형식으로 제시한다. 정약용의 설명이다. '제후들이 황제의 자리에 대한 찬탈을 자행하고 대부가 참람한 짓을 하는 것은 능히 禮와 謙讓으로써 나라를 다스리지 못하는 것이다. 이와 같은 사람은 예를 시행하고자 하여도 禮가 무슨 구실을 하겠는가? 이는 예를 쓸 수 없음을 말하는 것이다.' 즉 예와 겸양이 나라를 다스리는 근본임을 설명하고 있다.

"헌문" 44장에서 공자는 말했다.

'윗자리에 있는 사람이 예를 좋아하면 백성을 부리기 쉽다(上好禮則民易使也).'

윗사람이 예를 좋아하면 백성들이 감히 윗사람을 공경하지 않을 수 없기 때문에 말을 잘 따르고 부리기 쉬운 것이다. 정약용의 풀이다. '백성을 부리기 쉽다(民易使)란 마치 몸이 마음대로 팔을 부리고 팔이 마음대로 손가락을 부리는 것처럼, 혈맥이 고르게 잘 통하여 아무 데도 굳거나 움직이지 못하는 병이 없는 것이니 자율적이다.' 결국 덕정과 예치를 위하여 위정자는 먼저 자신을 수양해야 한다.

"위령공" 4장에서 순임금의 덕치 사례를 보여주고 있다. 공자가 말했다.

'무위하면서 다스린 임금은 순임금일 것이다. 무릇 무엇을 하였겠는가? 몸을 공손하게 하고 바르게 남면하였을 뿐이다 (無爲而治者 其舜也與 夫何爲哉 恭己正南面而已矣).'

'無爲而治'는 잘 다스리려고 인위적으로 애쓰는 일 없이 자연스럽게 다스렸다는 의미이며 또 인재를 적재적소에 배치하여 철저한 권한위임을 했다는 의미이다. 人事가 萬事라고 할 때, 그 긍정적의미가 바로 '無爲而治'이다. [서경]에는 순임금이 22명의 인재를 얻어 각자의 자질에 맞게 자리를 주어 각자의 직무에 최선을 다하게 함으로써 善政을 이루었다는 내용이 나온다. 주희의 풀이다. '無爲로 다스렸다는 것은 聖人의 德이 성대하여 백성이 교화되어서 作爲(의식적으로 하는 행동)하는 바가 있음을 기다리지 않았다는 것이다. 또 인재를 얻어 여러 직책을 맡기셨다. 이 때문에 더욱 유위(有爲)의 자취를 볼 수 없어서이다. 몸을 공손히 한다는 것은 성인

의 공경스러운 德의 모양이니, 이미 作爲하는 바가 없으면 사람들이 볼 수 있는 것은 이와 같은 것이다.'

그러면 임금이 막강한 권한을 신하들에게 나눠줬으니 임금 자신은 뭘 했느냐고 묻지 않을 수 없다. 공자가 '무릇 (무위로 다스렸다면 순임금은) 무엇을 하였겠는가?'라고 묻는 것이 바로 그것이다. 공자는 자문자답한다. '몸을 공손하게 하고, 바르게(正) 남면하고 있었을 뿐이다.' 여기서 남면이란 임금이 남쪽을 보고 앉아 통치를 하기 때문에 곧 통치를 한다는 뜻이다. 정약용은 '正南面이란 그 지위에 머물러 있으면서 움직이지 않는 것이니, [주역]에 "(성인이 남쪽을 향해 앉아서 천하를 다스린다. 이는 곧) 밝은 데를 향하여 (천하를) 다스리는 것이다"라고 하였다'고 풀이한다. 순임금이 성덕(聖德)으로 백성을 감화시켜, 애쓰지 않고도 천하를 다스렸다고 칭찬하고 있다.

"요왈" 1장과 2장도 德治와 禮治의 중요한 방법이다. 정약용도 "요왈" 2장은 곧 백성을 다스리는 묘결(妙訣)이라고 말한다. 자장이 중간자의 정치참여를 의미하는 종정(從政)에 관해 질문을 하고 공자는 **'다섯 가지 아름다움을 높이고 네 가지 악을 물리치면 제대로 정치에 종사할 수 있다(尊五美 屛四惡 斯可以從政矣)'** 고 대답한다.

'첫째는 백성에게 은혜를 베풀되 허비하지 않고(惠而不費),
둘째는 백성을 수고롭게 하되 원망을 사지 않고(勞而不怨),
셋째는 하고자 하되 탐하지 않고(欲而不貪),

넷째는 태연하되 교만하지 않고(泰而不驕),
다섯째는 위엄스럽되 사납지 않은 것이다(威而不猛).'

모두 과하지도 않고 모자라지도 않게 하는 중용의 내용이다. 이어서 자장이 '백성에게 은혜를 베풀되 허비하지 않는다는 무슨 뜻입니까?'라는 물음에 공자는 다섯 가지 아름다움에 대해 자신이 풀이를 해준다.

'백성이 이로워(利)하는 것을 따라서 이롭게 해주니,
이것이 또한 은혜를 베풀되 허비하지 않는 것이 되지 않겠는가
(因民之所利而利之 斯不亦惠而不費乎)?
수고할 만한 것을 가려서 수고롭게 하니, 또 누가
원망하겠는가(擇可勞而勞之 又誰怨)? **인(仁)을 하고자 하다가**
인을 얻었는데, 또 무엇을 탐내겠는가(欲仁而得仁 又焉貪)?
군자는 사람이 많거나 적거나 크거나 작거나 관계없이 감히
(남을) 업신여기지 않으니, 이것이 또한 태연하되 교만하지
않는 것이 되지 않겠는가(君子無衆寡 無小大 無敢慢
斯不亦泰而不驕乎)? **군자는 의관을 바르게 하고 시선을**
존엄하게 하여 엄연히 사람들이 바라보고 두려워하니,
이것이 또한 위엄스럽되 사납지 않은 것이 되지 않겠는가
(君子正其衣冠 尊其瞻視 儼然人望而畏之 斯不亦威而不猛乎)?'

또 자장의 네 가지 악에 대해 물음에 공자는 이야기 한다.

'가르치지 않고서 (죄를 지었다고) 죽이는 것을 잔학이라 하고(不教而殺謂之虐), **경계하지 않고 결과만 책하는 것을 포악이라 하고**(不戒視成謂之暴), **명령을 태만하게 늦추고서 기한을 재촉하는 것을 도적이라 하고**(慢令致期謂之賊), **어차피 사람들에게 주어야 하는 것은 똑같은데 출납에 인색한 것을 창고지기라고 한다**(猶之與人也 出納之吝 謂之有司).'

"요왈" 1장도 덕치와 예치의 중요한 방법이다.

'권과 양을 삼가고, 법도를 살피며, 폐지된 관직을 다시 닦으시니, 사방의 정치가 제대로 행해졌다(謹權量 審法度 修廢官 四方之政行焉). **멸망한 나라를 일으켜 주고, 끊어진 대를 이어주고, 숨은 사람을 등용하시자, 천하의 민심이 돌아왔다**(興滅國 繼絶世 擧逸民 天下之民歸心焉).'

權은 저울추(錘)요, 量은 말(斗)과 섬(斛 : 열 말의 용량)이다. 요즘 식으로 하면 도량의 표준이다. 아주 조심스럽게 표준을 사용했다는 것이다. 이어 法度(법률과 제도)를 세심하게 살폈다. 주희는 법도를 예악과 제도로 본다. 이어 폐지된 관직을 다시 점검하여 회복하였다. 새로운 나라를 세우는 과정에서 이 세 가지를 차례로 추진하자, 마침내 정사가 정상을 되찾기 시작했다.

통상 새 나라를 세우면 과거의 역사는 지우기 십상이다. 그러나 무왕은 그렇지 않았다. 주희는 '興滅國 繼絶世'를 이렇게 풀이한다. '황제(黃帝), 堯, 舜과 夏, 商의 후손들을 봉해준 것을 이른다.' 숨어 지내는 인사를 찾아내어 등용했다는 '擧逸民'에 대해서는 '"미자” 1장에 언급된 箕子(기자)를 석방시켜 주고, 상용(商容)의 지위를 회복시켜 줌을 이른다’고 풀이했다. 과거 왕조와의 진정한 화해는 세상 사람들이 원하던 바였기 때문에 천하의 백성들이 마음을 돌려 周왕조를 받들게 되었다는 것이다. 모두 나라에 도가 있는 좋은 사례들이다.

또 다음과 같이 이어진다.

‘소중히 여겼던 것은 백성의 식량과 상례(喪禮), 그리고 제사(祭祀)였다(所重 民食喪祭). 너그러우면 백성을 얻고, 믿음을 주면 백성들이 믿고 따르고, 일을 민첩하게 하면 큰 성과가 있고, 공정하게 일을 처리하면 백성들이 기뻐한다(寬則得衆 信則民任焉 敏則有功 公則說).’

정치를 할 때 무왕이 중하게 여긴 것은 백성의 먹을 것과 상례, 그리고 제례였다. 이 구절 또한 [서경] ‘무성(武成)’에 나온다. 너그러우면 뭇사람들을 얻게 되고, 믿음을 주면 백성들이 신임하고, 민첩하면 공이 있고, 공정하면 기뻐한다. 寬, 信, 敏, 公 등이 언급된 이 구절은 “요왈” 제1장의 결론 격이다. “양화” 6장에서 이 구절을 이해하는 데 도움이 되는 恭, 寬, 信, 敏, 惠에 대한 설명이 나온다.

“안연” 13장과 19장도 덕치의 좋은 사례이다. “안연” 13장에서 공자는 말했다.

'송사를 듣고 판결을 내리는 것은 나도 다른 사람 같지만 반드시 백성으로 하여금 송사가 없도록 하겠다 (聽訟 吾猶人也 必也使無訟乎).'

자신의 관심은 송사가 일어나는 뿌리를 치유하는데 있다는 것이다. 바른 정치가 이루어진다면 불필요한 송사는 저절로 없어진다는 것이다. 송사 이전에 백성들이 다투는 일이 생기지 않도록 하는 것이 자신의 역할이고 그게 더 중요하다는 말이다. 그렇게 함으로써 백성들이 모두 승자가 되고 서로 사랑하게 하는 것이다.

"안연" 19장에서 무도한 자를 죽임과 같은 극한 형벌로 나라의 도를 바로잡는 정치는 폭풍이 풀 위에 불면 풀이 모두 쓰러짐과 같아 극한 형벌은 백성을 다치게 되므로 피해야 한다고 했다.

'대부여 정치를 하면서 어찌 죽임을 쓸 수 있겠습니까(子爲政焉用殺)? 대부께서 선하고자 한다면 자연스레 백성들이 선해질 것이니(子欲善而民善矣). 군자의 덕은 바람이요 소인의 덕은 풀입니다. 풀에 거센 바람이 가해지면 풀은 반드시 쓰러지고 말 것입니다(君子之德風 小人之德草 草上之風必偃).'

계강자가 구체적인 상황을 거론하며 정치에 관해 물었다. '나라를 무도한 데로 이끌려는 자를 죽임으로써 나라에 도가 있도록 하는 정치는 어떻게 생각하십니까?' 이 말을 듣는 순간 공자는 깜짝 놀랐을 것이다. 어찌(焉)라는 말에 그런 뉘앙스가 고스란히 들어 있다. 군자의 덕은 바람과도 같아서 적당히 불어주면 백성들이 그로 인해 제대로 커가겠지만 죽음과 같은 폭풍으로 바뀌면 백성들은 모두 쓰러져 넘어지게 된다는 것이다. 그러므로 덕정을 위해서 위정자는 관후해야 한다.

예치를 위해서는 백성들을 가르쳐야 함을 "자로" 9장, 29장 및 30장에서 언급되고 있다. "자로" 9장에서 염유가 모는 수레를 타고 위나라에 갈 때 공자가 백성이 많구나 하였다. 이에 염유가 '백성이 많으면 또 무엇을 더해야 합니까'하고 물었다. 공자는 대답했다.

'그들을 부유하게 해주어야 한다(富之).'

또 염유가 물었다. 이미 부유해지면 또 무엇을 더해야 합니까? 공자는 대답했다.

'가르쳐야 한다(敎之).'

염유는 계씨(季氏)의 가신으로 있을 때 공자로부터 정사를 바로잡을 의지가 있느냐는 질문을 받고 불가능하다고 대답해 책망을 얻기도 했지만 계로(季路)와 더불어 정사에 능한 제자라는 평을 받기도 했다. 공자가 위나라로 가는(適) 길에 백성들이 많음을 보고 일단 긍정적으로 평가한다. 당시 춘추시대 상황에서 백성들이 많다는 것은 일단 통치의 기본은 이루어지고 있음을 의미한다. 많은 백성을 부유하게 해주어야 한다고 말한다. 다음은 가르쳐야 한다고 답한다. 공자는 다스림을 베푸는 순서에 대해 설명하고 있다. 즉 먼저 부유하게 한 후에 가르친다는 '선부후교(先富後敎)' 정책을 강조하고 있다. 이때 가르친다는 것은 사람으로서의 기본 즉 예의(禮儀)를 가르치는 것이라고 할 수 있다. 정치의 핵심은 결국 사람들을 모이게 하고, 잘 살게 하고, 예의염치를 가르치는 데 있다.

"자로" 29장에서도 백성을 교육시켜야 한다고 공자는 강조한다.

'뛰어난 이가 백성 가르치기를 칠 년 하면 진실로 백성으로 하여금 전쟁터에 나가 싸우게 할 수 있을 것이다
(善人敎民七年 亦可以卽戎矣).'

여기서 善人이란 도를 깨우친 선비 혹은 군자라고 할 수 있다. 교민(敎民)의 의미에 대해서는 주희의 풀이가 있다. '백성을 가르친다는 것은 효제충신(孝悌忠信)의 행실과 농사에 힘쓰는 무예를 익히는 법을 가르치는 것이다. 즉(卽)은 나아감이요, 융(戎)은 병(兵-군사, 전쟁)이다. (결국 백성들을 가르치면) 백성들이 윗사람을 친애하고, 관장(官長)을 위하여 죽을 줄을 안다. 그러므로 싸움터에 나아가게 할 수 있는 것이다.' 7년은 딱히 어떤 의미를 갖는 것은 아니고, 그 정도면 충분하다는 의미로 사용되었다. 즉 뛰어난 사람이 7년을 가르쳐야 백성들이 나라를 위해 목숨을 던질 마음을 갖기 시작한다는 말이다. 꼭 전쟁터에 나간다는 말이 아니라 자신의 목숨까지도 내놓을 마음을 갖게 된다는 것이다. 그 만큼 백성을 가르치는 일은 중요하다.

"자로" 30장에서도 백성을 가르쳐야 한다고 공자는 말했다.

'가르치지 않은 백성으로 하여금 전쟁터에 나아가게 하면 이를 일러 백성을 버리는 것이라고 한다 (以不教民戰 是謂棄之).'

공자는 가르치지 않은 백성으로 하여금 전장에 나아가게 한다면 이는 곧 백성을 버리는 것이라고 말한다. 즉 꼭 전쟁터에 나간다는 말이 아니라 자신의 목숨까지도 내놓을 마음을 갖게 된다는 것이다. 그 만큼 백성을 가르치는 일은 중요하므로 위정자에게 병사 부리는 것을 가벼이 보지 말고 반드시 교육시키고 훈련시킬 것을 경계하고 있다.

"위령공" 32장에서 백성들을 禮로써 분발케 하지 않으면 결국 선에 이르지 못한다(未善)고 공자는 말했다.

'앎이 도에 미치고 인이 그것을 지킬 수 있고 장엄한 태도로 백성에게 임할 수 있더라도 백성들을 예로써 분발시키지 않는다면 그 사람을 선하다고 할 수 없다 (知及之 仁能守之 莊以涖之 動之不以禮 未善也).'

공자는 군자의 길을 포괄적이면서 단계적으로 제시하고 있다. 주희의 풀이다. '지혜가 충분해 도리(理)를 알 수 있으나 사욕(私欲)이 끼어들면 그것을 사기 몸에 가질 수 없는 것이다.' 莊을 막연하게 표정과 자세의 장엄이나 엄숙으로 볼 것이 아니라, 올바른 法과 刑으로 통치하는 것으로 봐야 한다. 그러나 그게 끝이 아니다. 仁으로 지키고 장(莊)의 외양을 갖췄다 하더라도 백성들을 禮로써 분발케 하지 않으면 결국 선에 이르지 못한다(未善). 여기서 미선(未善)은 예로써 분발케 하지 않는다면 그것은 결국 선한 것이라고 할 수 없다는 것이다. 그러므로 정치하는 사람은 마땅히 총명한 재능과 지혜 및 인애한 덕성, 장엄한 태도 등을 구비하고 백성을 예로써 분발시켜야 완전하다 할 수 있다고 강조한다.

9.4 賢人을 등용

"요왈" 1장에서 요임금은 순에게 양위를 하고, 또 순임금은 우임금에게 양위를 한 경우가 현인을 등용한 최고의 사례이다. 자식에게 양위를 하지 않고 백성에게 최고의 지도자가 될 수 있는 덕을 갖춘 사람에게 양위를 했다. "요왈" 1장에서 요임금은 순임금에게 자리를 이양하면서 다음과 같은 당부의 말을 했다.

'너 순(舜)아. 하늘의 뜻(曆數)이 마침내 너(躬)에게 있으니, 너는 왕위에 올라 진실로(允) 중화(中和)를 잡도록 하라 (咨爾舜 天之歷數在爾躬 允執其中). 만백성이 곤궁에 빠지면 하늘의 녹(祿) 또한 영원히 끊어질 것이다 (四海困窮 天祿永終).'

지금 요(堯)임금이 순(舜)임금을 불러 왕위를 넘겨주려는 순간을 접하고 있다. 천명에 따라 왕위를 자식이 아니라 德이 있는 너에게 넘겨주니 부디 中和의 정신을 잃지 말고 통치에 임하라고 간절하게 당부하고 있다. 사욕을 버리고 오직 백성을 위하여 최선이 되는 지도자를 다음 임금으로 추대하는 모습이다. 즉 나라에 도가 있음을 보여주는 좋은 사례이다. 이어 정치하는 목적을 사해곤궁(四海困窮), 즉 백성들이 배고픔에서 벗어나는 데 두어야 한다는 점을 분명히 한다. 만백성이 곤궁에 빠지면 하늘의 녹(祿) 또한 영원히 끊어진다는 것이다.

"자로" 2장에서 중궁이 계씨(季氏)의 신하가 되어(仲弓爲季氏宰) 정치를 묻자 공자는 말했다.

'몸소 유사를 솔선해 이끌고, (아랫사람들의) 작은 허물을 용서하며, 뛰어난 인재들을 들어 써야 한다 (先有司 赦小過 擧賢才).'

또 **'어떻게 뛰어난 인재를 알아서 들어 쓸 수 있습니까'** 라고 묻는다. 중궁이 계씨의 가신이 되어 정치를 하므로 답이 자로의 질문에 대한 답과 다르게 보다 구체적이다. 공자는 대답했다.

'네가 아는 인재를 등용하면 네가 미처 모르는 인재를 남들이 내버려두겠느냐(擧爾所知 爾所不知 人其舍諸)?'

중궁은 "옹야"편명의 옹(雍)이 이름이다. 재(宰)란 중간관리자 이면서 최고책임자이다. 정약용은 '先이란 앞서서 먼저 한다는 것이니, 정사를 하는 데에 마땅히 몸소 솔선하여 유사를 이끌어 나아가야 한다'로 풀이한다. 결국 선유사는 '몸소 유사를 솔선해 이끌어라'로 풀이 할 수 있다. '有司'를 '先之'의 맥락으로 풀이한다.

'赦小過'는 작은 허물은 용서하라 이다. 작은 과실을 지나치게 법률로 다스릴 경우 사람들은 허물을 두려워하여 일을 하지 않게 된다. 세 가지 원칙 중에서 실질적으로 당면하게 되는 가장 중요한 사안은 '擧賢才'이다. 즉 '주군에게 뛰어난 인재를 천거하라'고 말한다. 앞의 두 가지 원칙도 뛰어난 인재를 골라 맡기지 않을 경우 허사가 되기 십상이다. 계속된 중궁의 질문에 공자는 더 구체적으로 대답한다. 먼저 본인이 아는 사람들 중에서 현재(賢才)를 천거하면 그것을 지켜보고 있던 주변 사람들도 자신들 주변에 있는 또 다른 현재들을 적극 추천하게 된다는 것이다. 위정자는 부하들의 모범이 되고, 작은 잘못은 관대히 용서하고, 현명하고 유능한 인재를 등용시키라는 세 원칙을 가르치고 있다.

"위정" 19장에서 노나라 애공이 공자에게 어떻게 하면 백성들이 복종을 하는가에 대한 질문에 다음과 같이 답한다.

'곧은 사람을 뽑아서 쓰고, 나머지 굽은 사람들은 그에 맞는 자리에 두면 백성들이 마음에서 우러나서 따를 것이고, 그 반대가 되면 백성들은 복종하지 않을 것입니다 (擧直錯諸枉則民服　擧枉錯諸直則民不服).'

윗자리의 국왕이 아래로부터 민심을 얻는 길을 다룬다. 공자는 '정직한 사람을 등용시켜 부정직한 사람보다 높은 자리에 앉히면 백성들은 복종하게 됩니다'라고 하여 백성을 복종시키는 요체는 현명하고 재능 있는 자를 등용시키는 데 있다고 했다. 정직한 사람을 등용하면 부정직해서는 살기 어렵다는 사실을 알고 스스로 정직이 최선의 자세라는 것을 깨닫게 하는 것이 바로 굽은 자를 바르게 하는 방법이다. 인사가 만사라는 뜻이다.

또한 앞에서 설명된 "안연" 22장에서 대표적인 현인을 등용한 사례를 설명하고 있다. 번지가 먼저 어질다는 것이 무엇이냐고 묻자 공자는 '사람을 사랑하는 것(愛人)'이라고 답한다. 이어 안다는 것은 무엇이냐고 묻자 '사람을 아는 것(知人)'이라고 말한다. 그런데 번지가 이 말을 미처 이해하지 못하자 공자는 말했다.

'곧은 사람을 들어 쓰고 모든 굽은 사람은 제자리에 두면,
굽은 자로 하여금 곧아지게 할 수 있다
(擧直錯諸枉 能使枉者直).'

또 번지는 공자 앞을 물러나와 자하를 찾아가 물었다. '곧은 사람을 들어 쓰고 모든 굽은 사람은 제자리에 두면, 굽은 자로 하여금 곧아지데 할 수 있다'고 하셨다. 무엇을 말함인가? 자하는 이미 공자의 말뜻을 알아차렸다는 듯이 자하가 구체적인 사례를 들어 번지의 궁금증을 풀어준다.

'순(舜)임금이 천하를 소유함에
여러 사람 중에서 선발하여 고요(皐陶)를 들어 쓰시니
어질지 못한 자들이 멀리 사라졌고
(舜有天下 選於衆 擧皐陶 不仁者遠矣),
탕(湯)임금이 천하를 소유함에 여러 사람 중에서 선발하여

이윤(伊尹)을 들어 쓰시니 어질지 못한 자들이 멀리 사라졌다 (湯有天下 選於衆 擧伊尹 不仁者遠矣).'

고요나 이윤은 곧은(直) 사람이다. 이런 곧은 사람을 알아보는 것이 知人이다. 여기서 [논어]에서 말하는 知는 곧 知人이며 知人은 곧 知直人(곧은 사람을 알아보는 것)이자 知仁人(어진 사람을 알아보는 것)라는 점을 확인 할 수 있다. 이에 대한 주희의 풀이다. '곧은 사람을 들어 쓰고 모든 굽은 사람은 제자리에 두는 것은 지(知)요, 굽은 사람으로 하여금 곧아지게 하는 것은 인(仁)이다. 이렇게 되면 이 두 가지가 서로 모순되지 않을 뿐만 아니라 도리어 서로 쓰임이 된다.' 자연스레 仁이 知보다 한 단계 윗길임을 보여준다.

10. 君子(지도층)

'군자는 근본을 힘쓰고 이 근본이 확립되어야 도리가 생긴다(君子務本 本立而道生).' - "학이" 2장

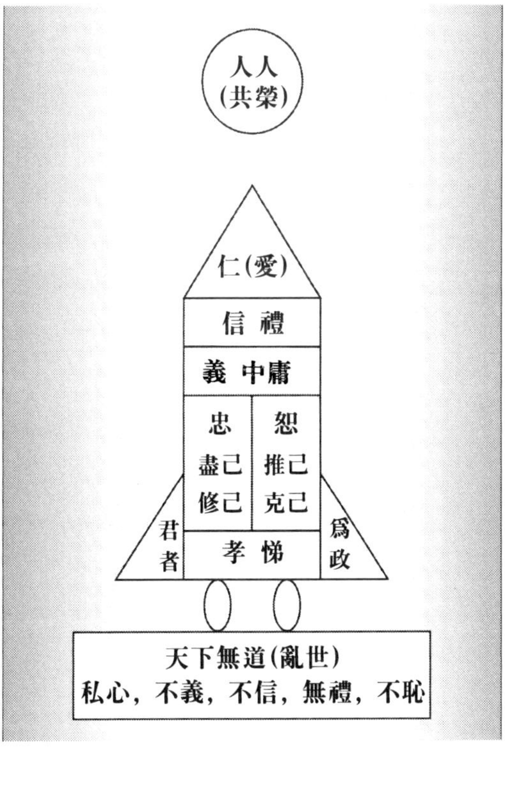

10. 君子(지도층)

[논어]에서 '君子'는 100회 이상 나오는 단어이며 또한 군자는 소인과 대비되어 10여 차례 설명되고 있다. [논어]의 시작편인 "학이" 1장에서 공자는 '사람들이 나를 알아주지 않아도 마음에 노여움 또는 원망함이 없으면 진실로 군자가 아니겠는가?' 하여 군자의 모습을 잘 묘사하였다. 주희는 군자란 덕을 이룬 이라(君子成德之名) 한다. 남에게 미쳐서 즐거운 것은 순리여서 쉽고 남이 자신을 인정해 주지 않아도 성내지 않는 것은 순리에 반하는(反) 어려운 일이기 때문에 德을 이룬 군자만이 그렇게 할 수 있는 것이다. 또 "위정" 12장에서 공자는 '군자는 不器'라 하여 군자는 '특정 지식보다 인간사회의 근본인 道와 義를 구하는 데 힘쓰고 일상생활의 편안함과 같은 작은 일은 구하지 않는다'고 했다. 그러면서 군자는 목숨이 다할 때까지 덕행으로 자신의 이름이 일컬어지지 않는 것을 싫어하여 자신의 수양과 언행일치를 통해서 백성을 편안하게 하려고 노력한다. 그러므로 널리 배우고 배운 것을 몸에 익히기를 노력하는 모범적인 인간이라 할 수 있다.

일반적으로 군자의 의미는 군주와 백성 사이에 있는 중간지배층 또는 덕과 지위를 소유한 사람의 통칭인 지식층에 가깝게 사용되고 있다. 또 군자와 소인의 대비를 통해서 군자는 공적인 가치를 우선하고, 소인은 자신의 이해관계를 우선하는 모습으로 묘사되고 있다. 각 개인의 수양(修己)을 강조한 [논어]의 내용이 군자가 갖추어야할 덕목과 대부분 동일하므로 군자의 덕목에 대하여 별도로 구분하여 다루는 것은 어쩌면 무의미하다고 할 수 있다. 그러나 군자의 덕목은 우리가 본 받아서 실행해야할 가르침이므로 보다 핵심적이면서 지금까지 앞에서 언급되지 않은 덕목에 대해서만 간추려서 살펴본다.

10.1 근본과 언행일치에 힘씀

"위정" 12장에서 군자를 용도가 한정된 그릇이 아니라고 정의하고, "학이" 2장에서 유자는 군자는 근본에 힘쓸 것을 강조한다. "헌문" 24장에서 군자는 義를 알아서 날로 나아진다고 하고, "위령공" 31장에서 공자는 '군자는 특정분야의 전문지식보다 道를 구하는 데 뜻을 두고 먹고 사는 것을 염려하지 말라'고 가르친다. 또 "자장" 4장과 "위령공" 36장에서 군자는 道를 구하는 데 小道를 생각하지 말고 원대한 곳에 목표를 두라고 한다. "위령공" 11장에서도 모든 일을 깊고 멀리 생각하면 근심을 예방 한다고 한다. "이인" 11장, "이인" 9장과 "학이" 14장에서 군자는 道와 德을 생각하고 소인은 처하는 곳의 안락함을 생각하여 군자가 추구하는 목표가 다름을 강조한다. "자로" 25장에서 군자는 道를 추구하므로 道로써 기쁘게 하지 않으면 기뻐하지 않는다 하였다. 또한 "옹야" 16장과 "안연" 8장에서 군자는 사람됨의 바탕(質)과 겉으로 드러난 말과 행동이(文) 고루 갖추어져야 한다고 한다.

"위정" 12장에서 공자는 군자를 그릇에 견주어 설명하고 있어 군자에 대한 정의라 할 수 있다.

'군자는 그릇 같은 존재가 아니다(君子不器).'

器는 식기나 그릇으로 일반적으로 한 가지 용도만이 있을 뿐이지 다방면에 적용될 수 없다. 즉 공자는 한 가지 재능이나 기술을 가지고 있는 사람을 그릇에 비유했다. 그러므로 공자가 말한 '君子不器'는 '군자는 그 쓰임새가 한정된 그릇과는 다르다'로 풀이할 수 있어 군자는 특정 전문지식보다 보편적인 인간과 세계에 관한 공부를 하라는 의미가 된다.

"학이" 2장에서 공자의 제자 유자는 군자는 근본에 힘쓸 것을 말한다.

'군자는 근본을 힘쓰고 이 근본이 확립되어야 도리가 생긴다(君子務本 本立而道生), 효와 제라는 것은 인을 행하는 근본이라 할 만하다(孝悌也者 其爲仁之本與).'

'君子務本'은 군자는 근본(本)에 힘을 써야(務)함, 즉 군자는 바탕, 뿌리, 근본, 기본에 힘써야함을 강조하고 있다. 이렇게 해서 근본이 확립되고 나면(本立) 마침내 도(道)가 자연스럽게 생겨나게 된다. 따라서 孝悌가 인간 도리의 근본이므로 공자 사상의 핵심인 仁도 孝悌에서 출발하며 먼저 孝悌에 힘쓸 것을 밝히고 있는 것이다.

"헌문" 24장에서 군자는 義를 중요하게 여기고 소인은 利를 중하게 여긴다고 말한다.

'군자는 위를 지향하고 소인은 아래를 지향한다 (君子上達 小人下達).'

上下를 무엇으로 해석하느냐에 따라 달라진다. 주희의 풀이다. '군자는 천리(天理)를 따르므로 날로 고명(高明)을 향해 나아가고, 소인은 사람의 욕심(人慾)을 따르므로 날로 비하(卑下)를 향해 나아간다.' 또 정약용의 풀이다. '군자와 소인이 그 처음에는 모두 중인(中人-보통 사람)이다. 털끝만한 차이가 한쪽은 의(義)에 깨닫고 한쪽은 이(利)에 깨달아, 군자는 날로 德에 나아가 한 등급 두 등급 위로 올라가서 최상의 등급에 달하고, (이와 달리) 소인은 날로 퇴보하여 한 등급 두 등급 아래로 내려가서 최하의 등급에 달한다.'

"위령공" 31장에서 공자는 道를 생각하는 군자의 태도를 설명하고 있다.

'군자는 도를 도모하지 밥을 도모하지 않는다 (君子謀道不謀食). 밭을 갊(耕)에 굶주림이(餒) 그 가운데 있고 (耕也 餒在其中矣), 배움에 벼슬이 그 가운데 있으니 군자라면 도를 근심하고 가난을 근심하지 않는다 (學也 祿在其中矣 君子憂道不憂貧).'

군자의 태도에 관한 글이다. '君子謀道不謀食'은 군자는 道를 구하는 데 뜻을 두지 편안함을 구하지 않는다는 의미이다. '耕也 餒在其中矣'는 경작을 하면 굶주림이 그 가운데 있다는 의미로 가난을 걱정하여 밭을 갈아도 결국 굶주림으로부터 헤어날 수가 없다는 의미이다. 오히려 道를 걱정하여 배움에 힘쓴다면 벼슬(祿)을 얻게 되어 굶주림은 걱정하지 않아도 된다는 것이다. 그렇다고 가난을 벗어나기 위하여 학문을 해야 한다는 의미는 아니다. 총괄적인 윤돈(尹焞)의 풀이다. '군자는 근본을 다스리고 지엽을 걱정하지 않으니, 어찌 밖으로부터 이른 것(빈부나 명예 같은 외부의 것들)을 가지고 근심하고 즐거워하겠는가?' 선비로서 학문을 할 때는 道를 구하는 데 뜻을 두고, 먹고살 것에 대해 염려하지 말라고 가르치고 있다.

"자장" 4장에서 자하가 말했다.

'비록 작은 도라 하더라도 반드시 보아줄 만한 것이 있겠지만 원대함에 이르는 데 장애물(泥)이 될까 두렵다
(雖小道 必有可觀者焉 致遠恐泥).
바로 이 때문에 군자는 작은 도는 하지 않는 것이다
(是以君子不爲也).'

원대함(遠)은 큰 도(大道)를 말한다. 양시(楊時)의 풀이다. '백가(百家)의 여러 기예는 마치 이목구비와 같아서 모두 밝은 바가 있으나 서로 통하지 못하니(通, 泥) 볼 만한 것이 없는 것은 아니지만, 원대함에는 이르는 데 장애가 된다. 그래서 군자는 (작은 도는) 하지 않는 것이다.' 따라서 군자가 도를 구하는 데는 소도를 생각지 않고 원대한 곳에 목표를 둔다고 했다. 작은 도(小道)란 주희에 따르면 농사와 원예, 의술과 복술(卜術) 등과 같은 조그만 기예를 말한다. 주희의 [논어집주]에는 농사짓기와 채소 가꾸기, 의술, 점술 등을 소도의 예로 들었다. '致遠恐泥'는 깊이 들어가다 보면 아마도 거기에 빠지게 될 것이다. 그리하여 군자가 추구해야 할 중요한 일을 그르친다는 뜻이다.

"위령공" 36장에서 군자는 곧음을 따르고 작은 일에 얽매이지 않는다고 말한다.

'군자는 곧음을 따르고, 작은 일에 얽매이지 않는다 (君子貞而不諒).'

주희는 '貞이란 올바르고 곧음이요, 諒은 시비를 가리지 않고 작은 신의에만 의지하는 것(믿음만 고집하는 것)'이라고 풀이한다. 정과 양은 매우 서로 비슷하여 가장 분별하기 어렵다. 그러므로 공자가 이를 변별한 것이다. 군자가 의리를 헤아려 보고 예법에 징험하여 반드시 그가 잡고 고집하는 것이 천지에 내세울 수 있는 것이 貞이다. 필부의 諒은 조그마한 신의를 지키기 위한 고집이다.

"위령공" 11장에서 공자는 말했다.

'사람이 멀리 내다보는 생각이 없으면 반드시 가까운 데서 근심이 있다(人無遠慮 必有近憂).'

여기서 '遠'은 시간적의 미래를 이야기 한다. 왜냐하면 공자는 항상 가까운 데서 仁을 추구하라고 말했기 때문이다. 따라서 먼 미래를 생각하며 살면 당장 생겨나는 문제들로 인한 근심에서 벗어날 수 있고, 또는 모든 일에 깊고 멀리 생각하면 근심을 예방할 수 있다는 의미이다.

"이인" 11장에서 공자는 군자와 소인을 대비시키면서 군자가 가야 할 길을 좀 더 구체적으로 제시한다.

'군자는 덕을 생각하고 소인은 처하는 곳의 편안함을 생각하며 (君子懷德 小人懷土), 군자는 벌을 생각하고 소인은 은혜입기를 생각한다 (君子懷刑 小人懷惠).'

정약용의 풀이다. '군자는 道를 알기 때문에 德을 생각하고 소인은 먹는 것을 중히 여기기 때문에 土를 생각하며, 군자는 몸을 공경하기 때문에 刑을 생각하고 소인은 재물을 애호하기 때문에 혜택을 생각한다.' 토(土)는 편히 살 거처(居處)를 뜻하는데 재물로 보아도 무방하다. 이런 거처(居處)라면 이(利)로 통하고, 이(利)는 욕(慾)을 부른다. 그러니 여기서 땅을 품는다(懷土)함은 이욕(利慾)을 버리지 못한다는 말이다. 본래 욕(慾)이란 자기만 안락하기를 고집하는 심술이다. 소인은 그런 심술을 즐기면서 부끄러워할 줄 모른다. "이인" 9장에서도 '도에 뜻을 둔 선비가 험한 옷과 거친 음식을 부끄러워하는 자와는 더불어 의논할 것이 없다'고 하였다.

"학이" 14장에서 공자는 호학하는 군자가 갖출 기본자세에 대한 내용으로 거처의 편안함을 구하지 말고 인간의 도리를 학습하는데 뜻을 두어 道를 갖춘 사람에게 찾아가서 배울 것을 강조한다.

'무릇 군자가 되려고 하는 자는 먹을 때 배부름을 구하지 않고 거처할 때 편안함을 구하지 않으며, 또 일을 할 때는 민첩하게 하고 말을 신중하게 하며 (君子食無求飽 居無求安 敏於事而愼於言), 이어 도리를 갖추고 있는 사람(有道)에게 찾아가(就) 잘잘못과 옳고 그름을 바로잡는다면 설사 그가 文을 아직 배우지 않은 사람이라 하더라도 文을 배우기를 좋아하는 사람이라고 이를 수 있다(就有道而正焉 可謂好學也已).'

호학과 군자가 갖출 기본자세에 관련된 내용이다. 무릇 군자가 되려고 하는 자는 의식주 모든 면에서 소탈함을 추구하고 또 일을 할 때는 민첩하게 하고 말을 신중하게 하며, 이어 도리를 갖추고 있는 사람에게 찾아가 잘잘못과 옳고 그름을 바로잡는다면 설사 그가 문을 배우지 않은 사람이라 하더라도 문을 배우기를 좋아하는 사람이라고 이를 수 있다. 즉 진정으로 학문을 좋아하는 사람은 오로지 인간의 도리를 학습하는데 뜻을 두고, 물질생활의 편안함이나 배부름을 돌보지 않는다고 설명하고 있다.

"자로" 25장에서 공자는 道에 뜻을 둔 군자는 섬기기(事)는 쉽고(易) 기쁘게 하기(說)는 어려운(難) 사람이라고 정의한다.

'군자는 섬기기는 쉬워도 기쁘게 하기는 어려우니, 기쁘게 하기를 도로써 하지 않으면 기뻐하지 아니하고, 사람을 부리면서도 그 그릇에 맞게 부린다 (君子易事而難說也 說之不以道 不說也 及其使人也 器之).

소인은 섬기기는 어려워도 기쁘게 하기는 쉬우니, 기쁘게 하기를 비록 도로써 하지 않아도 기뻐하고, 사람을 부리면서도 능력이 완비되기를 요구한다(小人難事而易說也 說之雖不以道 說也 及其使人也 求備焉).'

군자의 경우 기쁘게 하기 어려운 이유는 도(道)로써 기쁘게 하지 않으면 기뻐하지 않기 때문이고, 또 섬기기 쉬운 이유는 사람을 부릴 때 이미 그 그릇에 맞춰서 하기 때문이라는 것이다. 정약용은 '도로써 하지 않는다(不以道)'를 '사악하고 바르지 못한 일로써 아첨을 구하는 것'이라고 풀이한다. 그리고 '그릇에 맞춰서 한다'는 그 사람의 재주에 맞춰 부릴 뿐 사리사욕이 없다는 의미이다.

소인은 그 반대다. 소인은 섬기기는 어려워도 기쁘게 하기는 쉬운 사람이다. 기쁘게 하기 쉬운 이유는 道에 맞지 않게 기쁘게 해도 기뻐하기 때문이고, 섬기기가 어려운 이유는 사람을 부릴 때 다 갖춰진 사람(備)을 요구하기 때문이다. 군자와 소인이 사람을 대하고 사람을 취하는 태도가 상반됨을 밝히고 있다.

"옹야" 16장과 "안연" 8장에서 군자는 문질빈빈(文質彬彬)을 갖추어야 한다고 강조한다. 먼저 "옹야" 16장에서 공자는 말했다.

'바탕이 꾸밈을 이기면 거칠고 꾸밈이 바탕을 이기면 번지레하니, 꾸밈과 바탕이 잘 어우러진(彬彬) 뒤에야 군자가 될 수 있다(質勝文則野 文勝質則史 文質彬彬然後 君子).'

質은 질박함으로 내재하는 본성의 소박함과 순박함으로 文과 반대되는 개념이다. 文은 文彩로 외재하는 언행의 꾸밈과 화려함으로 질의 반대 개념이다. 野는 아름답게 꾸미지 않아 야성스럽고 질박한 상태를 뜻한다. 史는 실질적인 내용은 보잘 것 없으면서 겉모양만 번지르르한 상태를 뜻한다. 주희에 따르면 견문이 많고 일에 익숙하나 진심이 부족한 것이다. 彬彬(빈빈)은 문채와 질박함을 겸비하여 균형이 서로 맞는 모양이다.

공자는 사람됨의 바탕과(質) 겉으로 드러난 면(文=말과 행동)을 비교하면서 군자를 정의한다. 공자는 질이 문보다 앞서면 野(거칠다)이고 문이 질을 누르면 史(번지레하다)라고 말한다. 예를 들어 배우지 않고서도 선천적으로 어질고 선한 사람이 있다면 그는 촌스런(野) 사람이다. 공자는 이런 사람일수록 매사에 힘쓰는 법(文)에 관한 배움이 더해져야 한다고 본다. 만일 이런 사람이 타고나기를 어질고 선하다고 하여 배우지 않는다면 결코 군자에 이를 수 없다. 어느 쪽으로 치우치지 않고 고루 갖추어야만 군자에 이를 수 있다고 말한다.

"안연" 8장에서도 군자는 문질(文質)을 고루 갖출 것에 대한 극자성과 자공의 대화 내용이다. 먼저 극자성이 말했다.

'군자라면 바탕만을 중시하면 되지 꾸밈은 어디다 쓰겠는가
(君子質而已矣 何以文爲)?'

이에 대한 자공이 대답했다.

'안타깝구나. 그대(棘子成)의 말이 군자답기는 하나 말조심하는 게 좋을 듯하다(惜乎 夫子之說君子也 駟不及舌). 꾸밈은 바탕과 같고 바탕은 꾸밈과 같으니 호랑이나 표범의 생가죽이 개나 양의 생가죽과 같은 것이다 (文猶質也 質猶文也 虎豹之鞹猶犬羊之鞹).'

극자성이 우리가 흔히 말하는 '내용이 중요하지 격식은 따져서 뭐하느냐'는 식의 발언이다. 내용과 형식 중에서 내용만 있으면 된다는 말이다. 극자성은 위(衛)나라 대부(大夫)이다. 이에 같은 위나라 사람이며 언어에 뛰어났던 공자의 제자 자공이 면박을 주듯 답한다. 駟(사)는 네 마리 말이 끄는 수레를 말한다. 그 만큼 빠르다는 말인데, 이런 四馬도 혀(舌)가 내뱉는 말을 따라잡을 수가 없으니 함부로 말하지 말라는 뜻이다.

꾸밈(文)과 바탕(質)을 똑같이 중요하게 생각해야 한다는 것은 좋다. 그렇다고 호표(虎豹)의 생가죽(質)이나 견양(犬羊)의 생가죽이 같은 것이라고 한 것은 얼핏 보기에도 뭔가 지나쳤다는 느낌이다. 여기서 생가죽은 질(質)이다. 생가죽(質)이 같더라도 호표의 털(文)과 견양의 털(文)은 다르다. 결국 호표를 호표이게 해주고 견양을 견양이게 해주는 것은 털이기 때문이다. 주희의 풀이다. '극자성은 당시의 폐단(꾸밈만을 숭상하는 풍조)을 바로잡는 데 있어 실로 지나쳤고, 자공은 극자성의 폐단을 바로잡는데 있어 본말(本末)과 경중(輕重)의 차이가 없었으니 둘 다 잘못한 것이다.' 한마디로 두 사람 다 공자가 중시했던 중(中)을 잃었다는 것이다.

"위령공" 19장에서 군자는 명예를 추구하지는 않으나 죽을 때까지 덕행으로 자신의 이름을 알리지 못한다면 군자라 할 수 없다고 했다. 또 "위령공" 20장에서 군자는 그 원인을 자신에게서 찾아 자기의 수양에 더욱 정진 한다. 따라서 "옹야" 25장에서 군자가 되고자 하는 사람은 널리 배우고 몸에 익혀야 한다고 강조하고, "헌문" 45장에서 군자에 대한 자로의 질문에 자기 자신을 수양을 통하여 경건해져서(敬) 백성을 편안하게 해야 한다고 공자는 말한다. 또 "안연" 24장에서 학문을 통해서 친구를 사귀고 이런 친구와 어진 마음을 키운다고 한다.

"위령공" 19장에서 공자는 **'군자는 죽을 때까지 자신의 이름이 일컬어지지 않는 것을 싫어한다(君子疾沒世而名不稱焉)'** 고 말한다. 범조우의 풀이다. '군자는 학문을 하여 자신을 위하고 남이 알아주기를 구하지 않는다. 그러나 종신토록 이름이 일컬어지지 않는다면 선을 행한 실제가 없음을 알 수 있다.' 즉 덕행으로 이름을 알리지 못한다면 그 또한 군자라 할 수 없다는 것이다. 학문을 해야 할 시기에 힘써 공부하여 훌륭한 명성을 남길 것을 권하고 있다.

또 "위령공" 20장에서 공자는 말했다.

'군자는 모든 원인을 자신에게서 찾고(君子求諸己)
소인은 남에게서 찾는다(小人求諸人).'

양시(楊時)의 풀이다. '군자는 비록 남이 자신을 알아주지 않음을 병으로 여기지 않으나 또한 종신토록 이름이 일컬어지지 않음을 싫어하며, 비록 종신토록 이름이 일컬어지지 않음을 싫어하나 찾는 것은 또한 자기 몸에 돌이키는 것일 뿐이다. 소인은 남에게서 찾는다. 그러므로 道를 어기고 명예를 구하기 위하여 못하는 짓이 없는 것이다. 군자와 소인의 사람됨과 처세의 기본적인 태도가 다름을 구별해주고 있다.

"옹야" 25장에서 공자는 말했다.

'군자가 되고자 하는 사람은 문을 통해 널리 배우고
그 배운 바를 예로써 단속해 몸에 익힌다면
(君子博學於文 約之以禮)
이 또한 (인이나 도에서) 어긋나지 않는다(亦可以弗畔矣夫).'

공자의 가르침 방법으로 군자가 되고자 하는 사람은 문(文)을 널리 배우고 그 배운 바(之)를 禮로써 다잡아 몸에 익힌다면 이 또한 (仁이나 道에서) 벗어나지(畔) 않을 것이다. 이장은 "자한" 10장(博我以文 約我以禮)과 거의 일치한다.

"헌문" 45장에서 자로가 군자에 대하여 질문하자 공자는 말했다.

'자기 자신을 닦아서 경건해지는 이다(修己以敬).'

자로가 또 '그렇게만 하면 됩니까?'하고 똑 같은 질문을 두 번 한다.

**'자신을 닦아 백성들을 편안하게 해주는 것이다.
자신을 닦아 백성들을 편안하게 해주는 일은
요임금과 순임금도 오히려 부족하다고 여겼다
(修己以安百姓 修己以安百姓 堯舜其猶病諸).'**

자로가 남을 다스리는 윗자리에 있는 사람은 어떠해야 하는지를 물은 것이다. 이어 두 번째 질문에 공자는 자신을 닦아 사람들을 편안하게 해주라고 말한다. 이어 세 번째 질문에 공자는 자신을 닦아 백성들을 편안하게 해주어야 한다고 말한다. 그리고 이 일에 요임금과 순임금도 오히려 부족하다고 여겼다고 한다. 요임금과 순임금의 경우에 대한 명나라 학자 孫月峰의 풀이다. '요임금과 순임금은 백성의 평안치 못함을 병으로 여긴 것이 아니라, 자기 몸을 닦지 못하여 백성을 편안하게 해주지 못한 것을 병으로 여겼다. 백성이 편안하지 못한 곳이 있는 것은 곧 자신이 닦이지 않은 데에서 온다.' 즉 통치와 관련해 윗자리(上 혹은 君子)의 修己가 얼마나 중요한지를 한눈에 보여주는 내용이다.

"안연" 24장에서 증자가 말했다.

**'군자는 문(文)으로 벗을 모으고, 그런 벗과 사귀면서
인(仁)을 키운다(君子以文會友 以友輔仁).'**

군자다운 친구 사귐을 文과 仁의 맥락에서 강조한다. 군자는 文을 매개로 해서 벗이 되고(會友) 이런 벗을 통해서(以友) 어진 마음을 키워가게 된다는 것이다. 즉 학문의 연마를 위하여 친구들과 교

제하고 또 친구와의 교제가 인의 수준을 제고하는 데 도움을 준다는 뜻이다. 仁을 키우기 위해 뜻이 같은 친구, 즉 붕우(朋友)의 역할이 중요함을 강조하고 있다.

앞에서 살펴본 "자로" 20장과 "헌문" 21장에 더하여 여기서부터 군자의 언행일치에 힘씀을 살펴본다. 공자는 말과 행동의 관계와 관련하여 君子를 정의한다. 군자는 언행일치를 힘쓰기 때문에 말은 좀 어눌하고 자신의 말이 자신의 행동을 지나치는 것을 부끄럽게 여긴다. "위정" 2장에서 자공이 군자에 대해 묻자 공자는 말하려는 것을 먼저 실행하라고 말한다.

'그 말하려는 바를 먼저 실행에 옮기고, 그런 연후에 그 실행한 바를 바탕으로 말을 하는 사람이 군자이다 (先行其言 而後從之).'

군자가 지켜야할 도리는 말보다 행동이 앞서야 한다는 뜻이 아니라 언행일치(言行一致)를 강조하고 있다. "학이"14장의 '敏於事而愼於言'도 일을 할 때는 민첩하게 하고 말은 신중하게 해야 한다는 의미이다. 또 "이인" 24장에서 군자는 말은 어눌하게 하려고 애쓰고, 행동은 민첩해야 한다(欲訥於言而敏於行)로 비슷한 의미를 나타낸다. 두 내용을 비교하면 敏於事는 敏於行이고 愼於言은 欲訥於言이다. 실행을 중시해야 언행일치되는 군자가 될 수 있다고 가르치고 있다.

"헌문" 29장에서 공자는 말했다.

'군자는 자신의 말이 자신의 행동을 지나치는 것을 부끄럽게 여긴다(君子恥其言而過其行).'

직역을 하면 '군자는 자신의 말을 부끄러워하고 행실을 말보다 더 한다'라는 뜻이 된다. '恥其言'은 정확히 "헌문" 제21장의 **'그 말하는 바를 부끄러워할 줄 모른다면 그것을 실천하는 것은 어렵다'** 와 통한다. 말하는 바를 부끄러워한다는 것은 실행할 수 없는 큰소리(大言)를 부끄러워한다는 것이다. 여기서 큰소리치는 것을 부끄러워하게 되면 항상 행실이 말보다 조금 더 나아가도록 처신하는 것이다. 또 "이인" 22장에서 공자는 말했다.

'옛사람이 말을 아낀 것은
몸소 실천하지 못할까봐 부끄러워했기 때문이다
(古者言之不出 恥躬之不逮也).'

옛날에 (훌륭한 사람들이) 말을 함부로 하지 않았던 것은 (일단 내뱉고 나면) 몸소(躬) 그 말을 실천하지 못하게 되는 것(不逮)을 부끄러워해서였다. 즉 언행일치에는 큰 어려움이 있으니 말을 쉽게 내뱉지 말라는 일깨움이다. 恥(치)가 핵심이다. 언행일치가 되지 않는 것을 부끄러워하면 군자이고 그 것을 전혀 부끄러워하지 않으면 소인이라고 볼 수 있기 때문이다. 외형적인 것보다 내면적 부끄러움을 느끼느냐 아니냐가 훨씬 더 중요하다.

또 "이인" 24장에서도 같은 맥락에서 공자는 말했다.

'군자는 말은 어눌하게 하려고 애쓰고
행동은 재빠르고자 한다(君子欲訥於言 而敏於行).'

말을 할 때는(於言) 어눌하게 하려고 하고(欲訥) 일을 행할 때는(於行) 민첩하고자 한다. 즉 말은 어눌하게 하려고 애씀은 앞으로 실행을 생각하며 말을 하기 때문이다. 말을 함에 신중하면서 어눌하게 하려고 애쓰고 일을 행함에 민첩하게 한 것이야말로 충신(忠信)이 외면적으로 드러나는 모습이다. 또 "학이"14장에서 공자는 '敏於事而愼於言'이라 했다.

"선진" 20장에서 공자는 말했다.

'말하는 바가 독실하다고 허여(칭찬)한다면,
그는 군자인가 외모만 장중한 자인가
(論篤是與 君子者乎 色莊者乎)?'

論篤을 직역하면 논(論)이 독실(篤)하다. 즉 누가 보아도 말을 믿음직스럽게 그리고 논리적으로 하는 사람이다. 공자는 이런 사람을 받아들인다(許與)고 했을 때 과연 그 사람은 君子인가, 얼굴만 군자(君子然)처럼 하는 사람인가라고 묻는다. 정약용의 풀이다. '군자는 겉과 속이 한결같은 자이고, 색장(色莊)은 외모는 장엄하나 내심은 나약한 자이다. 그 말만 듣고 가벼이 허여하면 그가 몸소 실천하는 자인지 외모만 꾸미는 자인지를 내가 알지 못한다.' 오로지 언론과 외모만으로 사람을 선택해서는 안 된다고 가르치고 있다.

10.2 군자의 모습

여기서는 군자가 가지는 구체적인 모습에 대하여 살펴본다. "위정" 14장에서 공자는 군자와 소인을 대비 시켜서 군자는 두루 친밀하나 당파 짓기를 하지 않는 군자의 모습을 보여준다.

'군자는 마음으로 친밀히 하되 세력을 이루지 않으며, 소인은 세력을 이루되 마음으로 친밀히 하지 않는다 (君子周而不比 小人比而不周).'

주희는 周를 그냥 두루두루(普遍)로 보았고, 比를 당파 짓기(偏黨)로 보았다. 정약용은 이렇게 풀이한다. '周는 密의 뜻이고 比는 竝(아우를 병)의 뜻이니 모두 친근히 한다는 것을 이른다. 그러나 周密은 마음을 가지고 말한 것이고 比竝은 힘을 가지고 말한 것이다.' 즉 군자는 덕이 같은 사람에게 마음으로써 친밀히 하지 않는 적이 없으나 세력으로써 서로 결합하지는 않는 반면, 소인은 형세의 이로운 쪽과 교제하여 힘을 합쳐 당을 만들지 않는 적이 없으나 마음의 의로운 것으로써 서로 굳게 하지는 않는다는 것이다.

"자로" 23장에서 공자는 '소인은 이익을 위하여 상대방의 생각에 줏대 없이 뇌동하지만 군자는 생각이 서로 다른데도 불구하고 그것을 잘 조절히여 회합을 이룬디'고 다시 군자의 모습을 소인에 비교하여 보여준다.

'군자라면 중화를 지키되 동화되지 아니하고, 소인은 동화될 뿐 중화를 지키지 못한다(君子和而不同 小人同而不和).'

군자와 소인이 다른 사람과 함께 있을 때 의견을 청취하거나 의견을 제공하는 태도가 현저하게 다르다는 것을 밝히고 있다. 和는 상대방의 생각이 나와 다를지라도 화합을 이루기 위하여 자신의 주관을 견지하면서 상대방의 생각도 존중해줌을 말한다. 同은 이익을 추구하기 위하여 자신의 주관을 버리고 완전히 상대방에게 동화됨을 말한다. 주희의 풀이다. '和란 어그러진 마음이 없는 것이고, 同이란 아부하는 뜻(有阿)이 있는 것이다. 和란 국을 끓이는 것과 같아서 물, 초, 젓갈, 소금, 매실에다 삶은 생선이나 고기를 넣고 나무로 불을 때서 요리사가 그것들을 조화시켜 맛을 고르게 하여 모자라는 것은 더 넣고 많은 것은 덜어내어 국을 만든다. 그런 뒤에 이를 먹고는 기분 좋은 마음을 화평하게 가진다.'

임금과 신하 사이도 또한 이러하다. 임금이 옳다고 한 것도 그것이 잘못되었으면 신하가 그 잘못을 말씀드려 옳게 만들어나가고, (반대로) 임금이 그르다고 한 것도 그것이 옳으면 신하가 그 옳은 것을 말씀드려 틀린 것을 고쳐 나가야 한다. 이렇게 해야 정치가 공평해져서 서로 충돌이 없고 백성들도 다투는 마음이 없어진다. 和란 이와 같다. 임금이 옳다고 하면 자신도 옳다고 하고, 임금이 그르다고 하면 자신도 그르다고 하니, 이는 물에 물을 더 타는 격이니 누가 그 음식을 먹겠으며, 거문고의 조화가 없는 한 가지 소리만 켜는 것과 같은 격이니 누가 그 소리를 듣겠는가? 同이란 것이 옳지 않음이 이와 같다.

"위령공" 21장에서 공자는 말했다.

'군자는 당당하되 다투지 않으며, 무리 짓되 편당하지 않는다(君子矜而不爭 群而不黨).'

矜(긍)은 자만하지 않되 스스로 당당함을 말한다. 주희는 이를 중후함으로써 자신의 몸을 지키는 것이라고 풀이한다. 그러면서도 남을 향해 자신을 내세우려 하지 않기 때문에 서로 다투지 않는다. 또 화목하게 무리와 지내는 것을 群이라 한다. 다른 사람과 어울리되(群) 파당(派黨)을 이루지 않는 것은 남을 의식하여 비교하려 하는 마음이 없기 때문이다. 군자가 자기의 몸을 지키고 다른 사람과 같이 처하는 태도를 설명하고 있다.

"자로" 26장에서 공자는 군자의 모습을 말한다.

'군자는 태연하되 교만하지 않고, 소인은 교만하되 태연하지 못하다(君子泰而不驕 小人驕而不泰).'

주희의 풀이다. '군자는 천리(天理)를 따르므로 편안하고 느리면서도 자랑하거나 방자하지 않고, 소인은 人慾(인욕)을 부리므로 이와 반대인 것이다.' 정약용은 '태(泰)란 안이 가득 차서 밖에서 구하지 않는 것이고, 교(驕)란 안이 텅 비어 밖에다 기세를 부리는 것이다'고 풀이한다. 이어 풀이를 덧붙인다. '비(比)와 주(周)는 같은 무리이나 공자는 구분하여 둘로 하였고("위정"14장), 和와 同도 같은 무리인데 공자는 구분하여 둘로 하였고("자로"23장), 驕와 泰

도 같은 무리인데 공자가 구분하여 둘로 하였으니("자로"26장) 이는 모두 切磋琢磨하는 학문(學)이다.'

"안연" 4장에서 仁을 물었다가 자신의 결점을 지적당한 사마우가 이번에는 군자에 관해 묻는다. 공자는 말했다.

'군자는 근심도 없고 두려움도 없다(君子不憂不懼).'

이에 사마우는 '(정말로) 근심도 없고 두려움도 없으면 그런 사람을 군자라고 할 수 있습니까?'라고 재차 물었다. 이에 공자는 말했다.

'안으로 살펴보아 아무런 병통이 없으니 어찌 근심하고 두려워하겠는가(內省不疚 夫何憂何懼)?'

공자는 '군자는 근심도 없고 두려움도 없다'고 짤막하게 답한다. 주희의 풀이에 따르면 그의 형 사마상퇴(司馬向魋)가 난을 일으키려 하니 사마우는 늘 근심하고 두려워했기 때문에 공자가 이렇게 말해 준 것이다. 그러나 공자의 대답에 답답함을 느낀 사마우는 약간의 의구심을 품고 재차 묻는다.

말귀를 못 알아듣는 사마우를 향해 공자는 약간은 신경질적으로 답한다. '내성불구(內省不疚)'가 그것이다. 구(疚)는 '병들다'는 뜻으로 여기서는 病通으로 새겼다. 근심도 없고 두려움도 없는 이유는 '말하자면 평일에 하는 바가 마음에 부끄러움이 없기 때문에 안으로 살펴보아 아무런 병통이 없기 때문'이라는 것이다. 이 말은 곧 사마우의 경우 안으로 살펴볼 때 병통이 있다는 말과 같다. 소위 안달복달하는 성품을 꾸짖고 있는 것이다.

"술이" 36장에서 공자는 군자의 마음가짐에 대하여 말했다.

'군자는 항상 펴져 있어(坦) 넓고 태연한 반면
소인은 늘 근심으로 가득하다(君子 坦蕩蕩 小人 長戚戚).'

군자와 소인의 마음가짐을 비교한다. 坦(탄)은 (마음이) 동요가 없고 평온하다이고, 蕩蕩은 넓디넓다는 뜻이다. 즉 군자의 마음은 항상 펴져 있어 넓고 태연하다는 것이다. 반면 소인의 마음은 늘(長=常) 쓸데없는 근심으로 가득하다. 戚(척)은 근심하다는 뜻이다.

"헌문" 30장에서 공자는 군자의 길 세 가지(君子道者三)에 대하여 말하며 자신은 능하지 못하다고 말했다.

'군자의 길에는 세 가지가 있는데 나는 그 어느 것에도
능하지 못하니 어진 사람은 근심하지 않고,
지혜를 가진 사람은 감정에 휩쓸리지 않고,
용기를 가진 자는 두려워하지 않는다
(君子道者三 我無能焉 仁者不憂 知者不惑 勇者不懼).'

여기서 군자의 세 가지 유형을 논한다. 앞의 "태백" 4장에서 공자의 제자 증자도 군자라면 귀중하게 여겨야 할 도리가 세 가지 있다고 했다(君子所貴乎道者三). 또 "자한" 28장에서 공자는 이미 '知者

不惑 仁者不憂 勇者不懼'고 말했다. 어진 사람도 군자, 지혜를 갖춘 사람도 군자, 용감한 자도 군자라는 뜻이다. 그리고 仁者의 판별기준으로 憂/不憂, 知者의 기준으로 惑/不惑, 勇者의 기준으로 懼/不懼를 제시하고 있다.

"태백" 6장에서 증자는 군자에 대해 말했다.

'육척의 어린 임금을 부탁할 만하고(可以託六尺之孤),
백리 되는 제후국의 흥망을 맡길 만하며 (可以寄百里之命),
국가의 위기상황에 임해서는
(그 절개를) 빼앗을 수 없다면(臨大節而不可奪也),
이는 군자다운 사람이라 할 수 있을까?
참으로 군자다운 사람이다(君子人與 君子人也).'

'六尺之孤'란 15세 이하의 어린 임금을 말하며, 孤는 아버지를 여읜 어린아이를 이른다. 百里는 국토의 넓이가 사방 백 리인 제후의 나라이며 命이란 나라의 운명이다. 大節은 나라에 험난한 시기가 있는 것이 마치 대나무 마디가 있는 것과 같다는 것이다. 여기서는 현실의 맥락에서 군자로 불릴 만한 인간상이 무엇인지를 제시한다. 태백이 바로 이런 사람이다.

"자한" 13장에서 공자는 아홉 부족으로 구성된 동이(東夷)에 가서 살고 싶다고 했다. 이에 어떤 사람이 '동이(東夷)는 누추하니 어찌 하시렵니까?'하고 말하자 공자는 말했다.

**'군자가 거주한다면 무슨 누추함이 있겠는가
(君子居之 何陋之有)?'**

무슨 누추함이 있겠는가라는 말은 군자가 머물 곳을 정하는데 그곳이 누추한지 그렇지 않는지는 그 잣대가 되지 않는다는 뜻이다. 군자를 알아볼 수 있느냐 없느냐가 그 잣대가 되어야 한다는 말이다. 즉 그곳에 인후한 풍속(仁)이 있느냐 없느냐가 그 잣대라는 말이다. 만일 누추하고 가난한 것을 불편하게 여긴다면 그것은 군자가 아니다. 군자와 관련된 거처의 편안함에 대한 내용은 "학이" 14장, "이인" 9장, "술이" 15장, "위령공" 31장 등에서도 언급된다. 何陋之有는 何有陋에서 之는 강조하기 위하여 목적어를 동사 쓴 것이고 무슨(어찌) 누추함이 있는가의 뜻이다.

"자장" 21장에서 공자는 말했다.

**'군자의 허물은 일식이나 월식과 같아서 잘못이 있을 적에는 사람들이 모두 보고, 그 허물을 고쳤을 적에는 해와 달이 다시 밝아지는 것처럼 사람들이 모두 그를 우러러 본다
(君子之過也 如日月之食焉 過也 人皆見之 更也 人皆仰之).'**

군자의 길을 제시한다. 즉 '過則勿憚改'의 다른 표현으로 군자란 자기의 잘못에 대해 숨김이나 꾸밈이 없고 잘못이 있게 되면 반드시 고친다. 즉 이와 대비되게 소인은 허물을 (고치려 하지 않고) 반드시 꾸며대는 데 있다.

10.3 구체적인 실행

여기서는 군자로서 실행하는 몇 가지 구체적인 행동 기준인 '九思, 四惡, 三變, 三畏, 三戒, 君子之道'에 대하여 살펴본다. 먼저 "계씨" 10장에서 공자가 군자라면 반드시 어떤 행동거지를 할 때 염두(思)에 둬야 할 아홉 가지를 말하고 있다.

'군자는 아홉 가지 염두에 두어야 할 것이 있다(君子有九思). **볼 때는 밝음을 먼저 생각하고, 들을 때는 귀 밝음을 먼저 생각하고, 얼굴빛은 온화함을 먼저 생각하며, 몸가짐을 할 때는 공손함을 먼저 생각하며, 말할 때는 진실함을 먼저 생각하며, 섬길 때는 공경함을 먼저 생각하며, 의심스러울 때는 물음을 먼저 생각하며, 분할 때는 어려움을 먼저 생각하며, 얻음을 보면 의리를 먼저 생각해야 한다**
(視思明 聽思聰 色思溫 貌思恭 言思忠 事思敬 疑思問 忿思難 見得思義).'

군자의 바람직한 외모와 내면에 관한 지침이라 할 수 있다. 동시에 군자답지 못한 사람(小人)을 판별하는 단서이기도 하다. 따라서 예로부터 선비들은 九思를 상징하는 백로 아홉 마리가 그려진 그림을 사랑방에 걸기도 하였다.

첫째, 볼 때는 밝음을 염두에 둬야 한다(視思明). 즉 어떤 것을 볼 때 가장 먼저 머릿속에 떠올려야 하는 것은 '내가 지금 밝게(明) 보고 있는가'하는 자문이다. 그런데 밝게 본다는 것은 무슨 뜻인가? 視는 觀이나 察을 다 포괄한다. 단순히 사물을 시각적으로 보는 데 그치는 것이 아니라 사람을 보고 일을 살피는 것을 다 포괄하는 것이다. "안연" 6장에 그 해답이 있다. 즉 동료를 모략하는 참소와 私情에 바탕을 둔 하소연에 흔들리지 않고 사람과 일을 꿰뚫어보는 것이 바로 밝게 보는 것이다.

둘째, 들을 때는 귀 밝음(聰)을 가장 먼저 염두에 둬야 한다(聽思聰). 이는 사실상 명과 같은 뜻이다. 귀 밝게 듣는다는 것은 참소와 비판, 私利를 위한 하소연과 건전한 건의를 분별할 줄 알아야 한다는 뜻이다. 이는 사람의 밑바닥까지 뚫어보는 통찰력이 있어야 가능한 일이다.

셋째, 안색이나 표정을 지을 때는 늘 따스함을 생각해야 한다(色思溫). 이는 巧言令色의 令과는 다르다. 外柔內剛이 우러나는 안색을 하라는 말이다.

넷째, 외모를 갖출 때는 공손함(恭)을 염두에 두어야 한다(貌思恭). 행동 하나 하나에 공손함이 배어 있지 않으면 안 된다는 것이다. 그것은 내면적인 공경(敬)이 있을 때 가능하다.

다섯째, 말을 할 때는 충실함(忠)을 염두에 두어야 한다(言思忠). 말에는 충실함이 있어야 그래야 실행에 옮겨지기 때문이다. 신뢰성의 문제다.

여섯째, 섬김(事)에는 恭敬을 가장 먼저 염두에 두어야 한다(事思敬). 이때의 경은 겸손보다는 성실함 혹은 게을리 하지 않음(無倦)과 가깝다.

일곱째, 의심스러움(疑)이 있을 때는 가장 먼저 물음(問)을 떠올려야 하고(疑思問) 여덟째, 분(忿)한 일이 있을 때는 어려움을 생각해야 한다(忿思難). 忿은 곧 惑과 연결된다. 그래서 정약용도 어려움(難)을 후환(後患)으로 풀이하면서 不惑과 연관 짓는다.

아홉 번째, 得을 보면 義理를 생각한다(見得思義). 得은 개인의 私利나 벼슬자리와 연결된다. 정약용의 풀이다. '義를 생각한다는 것은 義에 부합하는지 않는지를 헤아리는 것이다.'

또 "양화" 24장에서 자공이 공자에게 '군자도 미워함(오)이 있습니까?'라고 묻는다. 이에 공자는 군자가 미워하는 점 네 가지(有四惡)에 대하여 자공에게 말했다.

'다른 사람의 나쁜 점(惡)을 말하는 자를 미워하고,
아래에 있으면서 윗사람을 헐뜯는 자를 미워하며,
용맹하기는 하되 예가 없는 사람을 미워하고,
과감하기만 하고 앞뒤가 꽉 막힌(窒) 자를 미워한다
(惡稱人之惡者 惡居下流而訕上者 惡勇而無禮者
惡果敢而窒者).'

주희의 풀이다. '남의 나쁜 점을 말하면 인후(仁厚)한 뜻이 없고, 아랫사람으로서 윗사람을 비방하면 충경(忠敬 : 충성스럽게 받들어 섬김)하는 마음이 없고, 용맹만 있고 禮가 없으면 난을 일으키고, 과감하기만 하고 막히면 함부로 행동한다.' 결국 공자나 자공 모두 얼핏 보면 진짜 같으면서도 진짜가 아닌 것을 가려내어 제대로 미워하는 문제를 언급하고 있다.

"자장" 19장에서 자하는 군자에게는 세 가지 변화가(有三變) 있다며 말했다.

'군자에게 세 가지 변화가 있으니, 멀리서 바라보면 엄연하고, 가까이 가서 보면 온화하고, 그 하는 말을 들으면 명확하다(君子有三變 望之儼然 卽之也溫 聽其言也厲).'

군자에게서 볼 수 있는 세 가지 변화를 통해 군자의 풍모를 단계적으로 드러낸다. 첫째, 군자(之)는 멀리서 바라보면(望) 엄연(儼然)하다. 엄은 의젓하다, 공손하다 등의 뜻이 있다. 둘째, 그(之)는 가까이서 보면 온화(溫)하다. 셋째, 그가 하는 말(其言)을 들어보면(聽) 명석판명(厲)하다. 사량좌의 총체적 평가이다. '변화에 마음을 둔 것이 아니니, 함께 행해지면서도 서로 어긋나지 않은 것이다. 마치 좋은 玉이 따뜻하고 윤택하면서도 단단한 것과 같다.' 즉 공자의 세 가지 다른 태도를 들어 중화(中和)한 기상을 형용하고 있다.

"계씨" 8장에서 공자는 군자가 두려워해야 할 세 가지에(有三畏) 대하여 말했다.

'군자에게는 두려워해야 할 세 가지가 있다. 천명을 두려워해야 하고, 대인을 두려워해야 하고, 성인의 말씀을 두려워해야 한다(君子有三畏 畏天命 畏大人 畏聖人之言). **소인은 천명을 알지 못하기 때문에 천명을 두려워하지 않는다. 대인을 함부로 대하여 성인의 말씀을 우습게 여긴다**(小人不知天命而不畏也 狎大人 侮聖人之言).'

군자와 소인이 天命, 大人, 聖人의 말에 대한 태도가 다름을 분별하면서 하늘의 이치와 사람 사는 세상의 이치, 그리고 그 이치를 꿰뚫어 보는 사람의 관계를 압축하여 정리하고 있다. '畏天命'은 '知天命'과 통한다. 畏는 두려워하는 것이다. 천명을 안다는 것은 곧 천명을 두려워하는 것이다. 그 역도 마찬가지다. 大人은 덕망이 있는 훌륭한 인물을 가리키는 경우와 고위 관직에 있는 높은 사람을 가리키는 경우가 있는데, 여기서는 전자를 가리키는 말로 聖人을 썼으므로 大人은 후자를 가리킨다. 狎(익숙할 압)은 익숙하다, 희롱하다, 업신여기다, 친압하다(버릇없이 너무 지나치게 친하다). 정약용은 大人을 '군주'라고 본다. 그리고 狎大人에 대해서는 '총애를 받는 신하는 천지의 분수를 망각하기 때문에 버릇없이 친압하게 되는 것이다'고 풀이한다. 또 소인들이 성인의 말씀을 우습게 여기는 이유에 대해서는 '성인의 상서롭고 재앙에 대한 경계의 말은 반드시 오랜 뒤에 징험(徵驗)이 되기 때문에 소인이 이를 업신여기게 된다'고 풀이한다.

"계씨" 7장에서 공자는 군자가 경계해야할 세 가지에(有三戒) 대하여 말했다.

'군자에게는 세 가지 경계(戒)함이 다(君子有三戒).
어릴 때는 혈기가 정해지지 않아 여색(色)을 경계해야 하고
(少之時 血氣未定 戒之在色),
장성해서는 혈기가 한창 강하니 다툼(鬪)을 경계해야 하고
(及其壯也 血氣方剛 戒之在鬪),
나이가 들어서는 혈기가 이미 쇠하였으니 얻음(得)을 경계해야 한다(及其老也 血氣旣衰 戒之在得).'

범조우(范祖禹)의 풀이다. '聖人이 일반인과 같은 것은 혈기(血氣)이고 일반인과 다른 것은 지기(志氣)이니, 혈기는 때에 따라 쇠함이 있으나 지기는 때에 따라 쇠함이 없다. 혈기는 젊을 때엔 정해지지 않고 장성해서는 강하고 늙어서는 쇠하는 것이며, 여색을 경계하고 싸움을 경계하고 얻음을 경계하는 것은 지기이다. 군자는 지기(志氣)를 기르므로 혈기에 동요당하지 않는다. 이 때문에 나이가 들수록 德이 높아지는 것이다.' 주희는 다음과 같이 풀이한다. '혈기는 형체가 의지해서 살아가는 것이니, 血은 陰이고 氣는 陽이다. 得은 얻기를 탐하는 것이다. 때에 따라 경계할 줄 알아서 이치(理)로써 혈기를 이기면 혈기에 부림을 당하지 않을 것이다.' 즉 범조우는 志로, 주희는 理로 血氣를 다스려야 한다고 말하고 있다.

정약용은 이렇게 말한다. '천지 만물의 본성은 꽉 차면 새어나기를 생각하기 때문에 매양 뿜어내고, 텅 비면 채우기를 요구하기 때문에 매양 빨아들인다. 젊어서는 색(色)을 생각하고 장년에는 싸움(鬪)을 생각하니 이는 꽉 차서 새어나가기를 생각하는 것이다. 노년에는 혈이 허(虛)하고 기가 모자라 항상 보충하기를 생각하기 때문에 그 심정은 음식을 좋아하고 재물에 애착을 가지는 것이니, 이는 두려워할 만한 것이다.'

"공야장" 15장에서 군자의 네 가지 道에 대해서 공자는 말했다.

'자산에게는 군자의 도가 네 가지 있었다(有君子之道四).
그는 몸가짐을 공손히 했고(其行己也恭),
윗사람을 섬기는 데 정성을 다했으며(其事上也敬),
백성을 거두는데 자혜로웠고(其養民也惠),

백성을 부리는 데 의로웠다(其使民也義).'

자산은 정(鄭)나라 대부 公孫僑(공손교)를 말한다. 공손교는 寬猛相制(관맹상제) 즉 관대한 정책과 엄벌주의를 병행하여 국가를 일신시킨 인물로 역사에 그려진다. 이런 공손교에 대해 군자에 가까운 인물이었다는 것이다. 군자의 도는 네 가지가 있는데 먼저 몸가짐(行己)이 공손해야(恭) 하고, 둘째 윗사람을 섬기는 데(事上) 경건함(敬)을 잃지 않아야 하며, 셋째는 백성을 기름에(養民) 은혜로움(惠)으로 해야 하고, 넷째는 백성을 부림에(使民) 義(의)로써 해야 한다. 공손교는 몸가짐, 섬김, 기름, 부림 만 놓고 본다면 군자의 도에 가까웠다고 할 수 있다는 말이다. 즉 군자는 적어도 이 네 가지 道(恭, 敬, 惠, 義)는 갖추고 있다는 뜻이다.

"태백" 4장에서 중병에 걸린 증자에게 노나라 대부인 孟敬子가 병문안을 왔다. 맹경자는 성이 중손(仲孫), 이름이 첩(捷)이며 孟武伯의 아들이다. 맹경자는 당대의 실력자였다. 아마도 증자는 평소에 당대의 실력자 집안의 실세 맹경자에게 하고 싶은 말이 많았던 것 같다. 그러나 그럴 기회가 없었는데 병문안을 오자 작심을 하고 할 말을 다한다.

'새는 죽으려 할 때 그 울음소리가 슬프지만,
사람이 장차 죽을 때는 그 말이 착하다고 했습니다
(鳥之將死 其鳴也哀 人之將死 其言也善).'

주희는 '새는 죽음을 두려워하므로 울음소리가 애처롭다 반면에 사람은 죽음을 앞두게 되면 두려울 것도 없고 근본으로 돌아가기 때문에 조금의 거짓도 가할 필요가 없으니 그 말이 착할 수밖에 없다'고 풀이한다. 중병에 걸려 죽음을 앞둔 증자는 맹경자에게 본격적인 충고를 하기에 앞서 자기 말의 진실함을 강조한 것이다. 이어서 맹경자를 겨냥하여 세 가지를 이야기 한다.

'군자라면 귀중하게 여겨야 할 도리가 세 가지 있습니다
(君子所貴乎道者三).
첫째, 용모를 움직일(용모를 짓다) 때는 사나움과 거만함을 멀리해야 하고, 얼굴빛을 바로 할 때에는 신실함을 가깝게 해야 합니다. 둘째, 말과 소리를 낼 때에는 비루함과 도리에 위배됨을 멀리해야 합니다. 셋째, 변두와 같은 제기를 다루는 일은 담당 기관이 있으니 맡겨두어야 합니다
(動容貌 斯遠暴慢矣 正顔色 斯近信矣 出辭氣 斯遠鄙倍矣 籩豆之事則有司存).'

일반적으로 용모(容貌), 얼굴빛(顔色), 사기(辭氣)를 군자가 귀하게 여겨야 하는 세 가지로 보지만, [논어를 논어로 풀다]에서는 용모와 얼굴빛은 외모와 관련된 것이어서 하나로 묶고 세 번째를 변두에 관련된 일로 분류했다. 이것은 증자가 정치하는 맹경자에게 꼭 해주고 싶은 말의 하나이기 때문에 별도로 독립시켜서 말했다. 첫째, 거동을 할 때 몸에서 사나움(暴)과 거만함(慢)이 베어 나와서는 안 되고, 단정한 얼굴과 기색으로 믿음이 있게 한다. 둘째, 말과 소리를 낼 때에는 비루함과 도리에 위배됨을 멀리해야 한다. 증자의 이 말을 뒤집어보면 '당신의 하는 말은 하나같이 비루하거나 도리에 맞지 않는 것들이다'라는 뜻이다. 辭는 언어요, 氣는 소리와 숨이다. 鄙는 비루함이고, 배(倍)는 背와 같으니 도리에 위배됨이다. 셋째, 변두(籩豆: 제기)의 일로 제기의 수(器數)와 같은 것은 지엽적인 것이니, 그 직분은 해당 기관(有司)이 맡는 것이고 정치를 맡은 군자가 귀중히 여기는 바가 아님을 말씀한 것이다. 전체적으로 보면 맹경자는 언행에서는 예를 잃어 여러 가지 문제를 드러내면서 정작 외형적인 예의 하나인 제사와 관련해서는 지엽말단의 문제까지 꼬치꼬치 간섭을 했던 것으로 보인다. 결국 맹경자의 사례를 통하여 외면의 예보다 내면의 禮(至德)를 갖추라는 말이다.

11. 공자의 인생 목표

'도에 뜻을 두었고(志於道), 덕을 쌓았으며(據於德), 인에 의지하고(依於仁), 예에서 노닐었다(游於藝).' – "술이" 6장

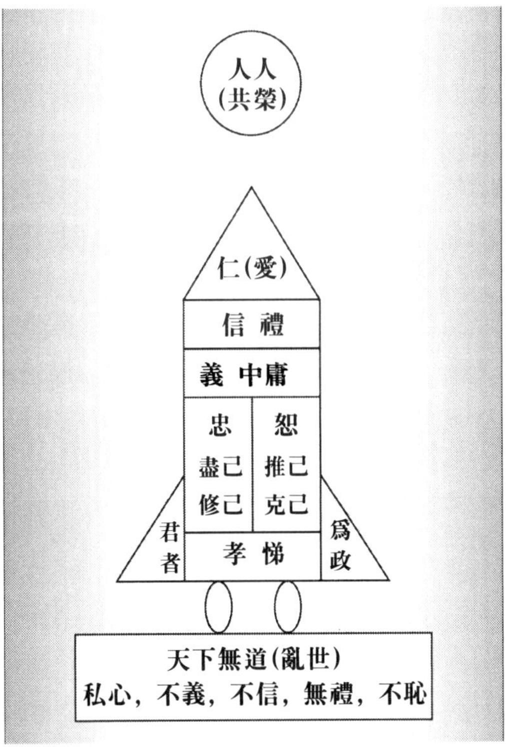

11. 공자의 인생 목표

17장으로 구성되어 있는 "향당"편 전체에서 공자가 실제 생활에서 仁을 실천한 모습이 어떠했는지를 확인할 수 있다. 공자의 말(言)보다는 모습(行)을 집중적으로 볼 수 있다. 즉 작은 일 하나하나에 정성을 다하고 공경을 다하는 공자의 모습을 보는 듯하다. 양시(楊時)는 이편에 대해 다음과 같이 말했다. '聖人(성인)의 道라는 것은 일상생활에서 벗어나지 않는다. 그러므로 공자의 평소 일동일정(一動一靜)을 제자들이 모두 살펴보고 자세히 기록한 것이다.' "술이" 29장에서 '인이 먼 것이겠는가? 내가 어질고자 하면 어짊은 다가온다'고 한 것과 같이 일상에서 仁을 행하는 공자의 모습을 볼 수 있어 "향당"편은 공자에 대한 사례연구라 할 수 있다.

이제 "향당"편을 제외한 [논어]에 있는 공자의 말씀 중에서 공자의 인생 목표와 실제 70여년 인생 여정을 살펴본다. 공자의 인생 목표는 자신이 그렇게 살아왔다는 자부심임과 동시에 제자들에게 이렇게 살라는 삶의 지표를 주는 것이라 할 수 있다. 먼저 공자는 "술이" 6장에서 자신의 삶의 지표로 삼았던 네 가지에(道, 德, 仁, 禮)에 대하여 설명하고 있다. 공자는 말했다.

'도에 뜻을 두었고(志於道), 덕을 잡으며(據於德),
인에 의지하고(依於仁), 예에서 노닐었다(游於藝).'

먼저 공자는 道에 뜻을 두었다고 말한다. 사람들이 살아가면서 뜻을 둘 수 있는 곳은 무수히 많다. 그중에서 공자는 사람으로서 마땅히 지켜야 할 道理를 밝히고 행하는 데 뜻을 두었다. 여기서 道란 先王之道(선왕지도)이자 古道(고도)이자 古學(고학)이며, 공자가 생각했던 최고의 이치이다.

道에 뜻을 두었으면 이제 德(덕)을 쌓아야 한다. 여기서 德이란 도를 향한 마음을 갈고닦는 것이다. 주희는 道를 향한 마음이 수양을 통해 몸에 쌓인 것을 德이라고 풀이한다.

德이 꾸준히 쌓여 더 이상 의식적으로 노력하지 않아도 몸에 덕이 쌓여 있는 상태가 어짊(仁)이다. 내 마음의 완성된 도리가 천지의 도리와 부합되어 내가 행하는 행동 하나하나가 다 천지와 합일을 이루는 경지다.

마지막에 藝(예)에서 노닌다고 했다. 藝는 六藝로 어려서부터 갖춰야 할 기본교양임을 감안하면 여기서의 藝는 그냥 음악으로 보는 것이 좋을 듯하다. 이렇게 道德仁藝(도덕인예) 네 가지를 살펴보았다. 흥미로운 것은 인생의 완숙단계에 이르러 공자는 예술에서 놀고 음악에서 완성된다고 말하고 있다. 예술에서 노는 경지에 이른 것이 곧 인생의 완성된 경지인 것이다.

주희의 풀이다. '志란 마음이 가는 바를 말하고, 道는 사람이 일상생활에서 마땅히 행해야 할 것이다. 道를 알아서 마음이 거기에 꼭 가게 되면 가는 길이 올 발라서 다른 길로의 유혹됨이 없을 것이다. 據(거)는 '기대다, 의지하다, 잡아서 지킨다'는 뜻이고, 德은 道를 행하여 마음에 얻은 것 (마음에 쌓이는 德性)이다. 德을 마음에 얻어 지키면서 잃지 아니하면 끝과 시작이 오로지 하나로 일치되어 날로 새로워지는 공(功)이 있을 것이다. 依란 의지하면서 떠나지 않는 것을 이른다. "안연" 1장에서 개인의 사사로운 욕심을 이기고 禮로 돌아가는 것이 仁이라 했다. 따라서 仁은 사욕이 다 없어져 마음의 덕이 온전한 것이다. 공부(工夫)가 이에 이르러서 잠시라도 떠남이 없으면 어디를 가나 하늘의 마땅한 이치가 행해지지 않음이 없을 것이다. 游란 모든 상황을 즐기면서 마음에 맞게 함을 이른다. 藝는 六藝를 이르니 다 지극한 이치가 담겨 있어서 일상생활에 빼놓을 수 없는 것이다. 아침저녁으로 노닐어 의리(義理)의 의미를 넓히면서 일을 대처할 때 여유가 있고, 마음은 또한 느슨해짐이 없을 것이다.'

"위정" 4장에서 공자는 자신의 70여년 인생을 간략하게 다음과 같이 자술했다.

'나는 열다섯 살에 문을 배움에 뜻을 두었고(志于學),
서른 살에 섰고(而立), 마흔 살에 혹하지 않았고(不惑),
쉰 살에 천명을 알았고(知天命),
예순 살에 귀가 순해졌고(耳順),
일흔 살이 되니 마음이 하고자 하는 바를 따라서 해도 그것이
세상의 법도를 넘지 않았다(從心所欲不踰矩).'

배움은 공적인 세계의 도리를 배우는 것을 말한다. 즉 한 개인으로 사는 데 그치지 않고 세상을 구제하는 일을 해보겠다는 포부를 품었다는 뜻이다. 서다(立)는 확실한 인생관이 섰고 그 인생관을 구체화할 수 있는 정신적 기반을 어느 정도는 갖추었다는 뜻이기도 하다. 공자가 立이라고 할 때는 禮의 세계를 몸에 체득했다는 뜻이다("요왈"3장 : 不知禮 無以立, "태백" 8장 : 立於禮). 사사로움(私)

을 벗어나 공적인 예로 돌아가는 것이고 그 것이 바로 仁을 행하는 것이다(而立은 먼저 자기 자신을 세우고 나서 다른 사람을 세워준다는, '立己而立人'에서 세 번째와 네 번째 글자만 따온 것이다).

마흔에는 어디에도 惑하지 않는다는 것은 사람을 제대로 알지 못해 타인과의 관계에서 화(禍)를 빚어내는 것이야말로 혹이라고 공자는 정의한다. 사람을 제대로 파악하면 혹에 흔들리지 않기 때문이다. 쉰 살에 천명을 알게 되었다는 것은 보편적인 진리를 찾아냈다는 뜻이라기보다 자신에게 주어진 운명을 제대로 알고서 담담하게 받아들이게 됐다는 의미이다. 마흔에 知人하고 오십에 知天命하는 것이다. 또 다른 해석은 '마흔에 이르러서는 사리 판단을 명확히 할 수 있어 심중에 의혹이 없게 되었고, 쉰이 되어서는 우주의 모든 원리에 통달하여 궁달(窮達: 빈궁과 영달)을 초연할 수 있었다'이다.

'예순이 되어서는 화순(和順)함이 안에 쌓여 아무리 이치에 맞지 않는 말을 듣는다 해도 귀에 거슬리는 것을 느끼지 못했다. 일흔이 되어서는 마음에 하고 싶은 것을 다 하여도 그 생각과 언행이 법도를 넘어서지 않고 저절로 인간의 도리에 맞게 되더라'고 했다. 예순 살에 이순(耳順)도 절로 그렇게 되는 게 아니라 수양과 연마의 결과이다. 일흔이 되어 달관에 가까운 경지에 이르렀다고 할 수 있다. 심성이 세상의 이치와 합일되는 차원에 다다랐다는 뜻이다. 자신의 일생을 통한 德의 수양에 대해 그 진보 과정을 서술하였다. 자신의 인생에 비추어 한 인생의 시기 마다 갖춰야 하는 덕을 제시하고 있다. 不踰矩에서 유(踰)는 '초월하나, 넘나'이고 구(矩)는 고대 공인들이 방형 등을 그릴 때 사용하는 곱자인데 응용하여 '법도'의 뜻으로 쓰인다. 여기서는 '인간의 도리'를 말한다. 따라서 행동에 있어서 수양이 최고의 경지에 닿아 마음속에 어떤 생각이 있을 때 특별히 주의하지 않아도 인간의 도리에 자연스럽게 부합한다는 의미이다.

한편 "위정" 4장과 "술이" 6장을 연관지우면 다음과 같다. "위정" 4장의 '志于學'은 "술이" 6장의 '道에 뜻을 두었고(志於道)'와 똑같다. 그리고 30세의 '而立'과 40세의 '不惑'은 '덕을 쌓았으며(據於德)'와 조응한다. 그리고 50세의 '知天命'은 '인에 의지하고(依於仁)'에 해당하고 이순을 넘어서게 되면서부터 '예에서 노닐었다(游於藝)'에 해당된다. 여기서 藝는 주희에 따르면 禮 樂 射 御 書 數의 六藝를 말한다고 했다. 사람의 한 생애를 놓고 보면 志(道)가 가장 앞서고, 이어 詩와 禮를 거쳐 德, 仁을 닦는 30 ~ 50대를 지나 藝에 이르게 되고, 마침내 죽음의 문제(哀)가 나온다.

"태백" 8장에서 공자는 말했다.

'시에서 일어나고, 예에서 서며, 악에서 이룬다
(興於詩 立於禮 成於樂).'

이 말은 무엇보다 한 사람의 군자가 되어가는 과정이나 단계를 설명하고 있으며 앞에서 읽은 "위정" 4장과 "술이" 6장과도 관련이 있다. 興於詩에서 흥은 불러일으킴(興起)이다. 시를 배워 알게 되면 무엇이 일어나는 것일까? 주희의 풀이다. '시는 성정(性情)에 근본을 두고 있어 그릇됨(邪)도 있고 바름(正)도 있으며, 시의 표현은 이미 알기가 쉽고 읊는 사이에 오르고 내리는 음절과 반복되는 구절이 있어 사람을 감동시키고 받아들여지기가 쉽다. 그러므로 배우는 자가 초기에 착함을 좋아하고 악함을 미워하는(好善惡惡) 마음을 흥기하여 스스로 그치지 않게 하는 것을 반드시 이 詩에서 얻게 된다.'

다음은 立於禮다. 예로써 근본을 세우는 것이다. 공자가 30세에 而立했다고 하는 것도 막연하게 자립했다는 뜻이라기보다는 禮로써 스스로를 다잡아서(約之以禮) 마침내 근본을 세우게 되었다는(本立)는 말로 봐야 한다. 끝으로 成於樂이다. 成은 德의 완성을 의미한다. 주희의 풀이다. '음악은 사람의 성정(性情)을 함양(涵養, 길러 쌓거나 갖춤)하여 간사하고 더러운 것을 깨끗이 씻어내고 찌꺼기를 말끔히 녹여낸다. 그러므로 배우는 자가 마지막에 의리(義)가 정밀해지고 인(仁)이 완숙해져서 저절로 도와 덕의 화순(和順)함에 이르는 것을 반드시 이 樂에서 얻게 되니 이는 배움의 완성이다.'

공자는 '詩는 사람을 깊이 감화시켜서 사람의 의지를 고무할 수 있어서 사람들로 하여금 선으로 향하는 마음을 일으키게 한다. 禮는 사람의 행위를 단정하게 할 수 있어서 사람들로 하여금 보고 듣고 말하고 행동하는 모두를 능히 법도에 맞게 하고 또 우뚝이 자립할 수 있게 한다. 樂은 사람의 성정(性情)을 함양할 수 있어 사람으로 하여금 지극한 선의 경지에까지 다다르게 하고 고상하고 완전한 사람을 만든다'라고 하여, 詩禮樂으로 자기의 덕성을 배양하도록 기르치고 있다.

"술이" 16장에서 공자는 말했다.

'앞으로 내가 몇 년 더 살아서(加我數年)
쉰 살이 되도록 주역을 배워(五十(卒)以學易)
큰 잘못 없이 살다가 갈 수 있으리라(可以無大過矣).'

몇 년 더 살아서 50세까지 주역을 배워서 큰 잘못 없이 살기를 원했다. 정약용의 풀이에 따르면 당시 나이 47세 안팎으로 하늘이 나(我)에게 몇 년(數年) 더 살 나이를 더해준다면(加) 쉰까지 주역을 배울 수 있다면 큰 허물은 없을 수 있을 것이다가 된다. 공자가 주역 읽기를 '무대과(無大過)' 즉 큰 허물이 없기를 바라는 것과 연결 짓고 있다는 점이다.

"술이" 2장에서 공자는 말했다. 공자는 자신이 목표한 세 가지를 제시한 다음 과연 자신이 도달했는지의 여부를 묻는 방식으로 우회적으로 제자들에게 이 세 가지를 갖추도록 권면하고 있다.

'마음속에 간직하고 내세우지 않는 것(默而識之),
배움에 싫증을 내지 않는 것(學而不厭),
남을 일깨워 가르치는 데 게으름을 부리지 않는 것,
이 셋 중 어느 것이 나에게 있는가
(誨人不倦 何有於我哉)?'

첫째, '묵이지지(默而識之)'는 말없이(默) 옛 학문(古學)을 익혀 마음속에 간직하고 내세우지 않는 것을 말한다. 묵은 유(幽)와 같이 말없이 공손하고 조용히 하다의 의미이다. "학이" 1장의 '남들이 알아주지 않더라도 속으로 서운한 마음을 갖지 않는 것'과 통한다.

둘째, '학이불염(學而不厭)'은 배움에 싫증을 내지 않는다는 것이니 '학이시습(學而時習)'과 통한다. 지루함과 싫증을 이겨내고 올바른 배움을 갖췄을 때 새로운 사람이 만들어지는 것이니 공자는 배우는 것을 꺼려하지 않았던 것이다.

셋째, '회인불권(誨人不倦)'은 남을 일깨워 가르치는 것(誨人)을 게을리 하지 않는 것(不倦)이다. 이 셋은 군자 정도라면 다 할 수 있는 일인데 성인의 반열에 오른 공자가 능하지 않았을 리가 없다. 공자는 '무엇이 나에게 있는가?'라는 질문을 통해 자연스럽게 배움의 길이 어렵다는 것과 자신의 겸손을 동시에 드러내고 있다.

'何有於我哉'는 '於我何有哉'의 도치구로 두 가지로 해석된다. 첫째 '무엇이 나에게 있겠는가?'라는 뜻이 있고, 둘째 '무슨 어려움이 나에게 있겠는가?'라는 뜻이다. 공자는 3천 제자만 가르치고자 한 것이 아니라 인류 전체를 회유(誨諭)하여 인도(仁道)를 걷게 하려는 이상(理想)을 간직한 분이다. 그러니 어찌 남들을 가르쳐 일깨우는 일을 게을리 하거나 고달파 하겠는가? 그래서 공자는 당당하게 이렇게 말할 수 있는 성인이다. 여기서는 끝에 재(哉)를 더하여 더 강하고 호소력 있는 감탄의문문이 되었다. 공자는 그렇게 반문으로써 단언한다.

"술이" 3장에서 공자는 인생을 살면서 반드시 피해야 할 네 가지 '덕을 닦지 못함, 학문을 익히지 못함, 의를 듣고도 실행하지 못함, 선하지 못한 것을 고치지 못할까'를 근심했다. 또 제자들에게 그쪽 방향으로 정진할 것을 촉구하는 것이다. 공자는 말했다.

'덕을 닦지 못함과(德之不修),
학문을 익히지 못함과(學之不講),
의(義)를 듣고도 실행하지 못함과(聞義不能徙),
선하지 못한 것을 고치지 못함이(不善不能改)
이 네 가지가 나의 걱정거리다(是吾憂也).'

첫째, 德이 닦아지지 못했을까봐 걱정한다고 했다. 그러면 덕은 왜 나면서 갖추지 못하고 늘 닦아야만(修) 하는 것일까? 덕은 처음에는 가능상태로 사람들 각자에게 들어 있기는 하지만 별다른 노력을 하지 않을 경우 허물어져 내리는 것이라고 보았기 때문에 그것을 다시 손질하여 현실 상태로 세우려는 노력을 해야 한다는 것이다.

둘째, 文을 배우는 일이 충분히 다져졌는지를 걱정한다는 것이다. 講은 '익히다' 의미로 발전시켜 풀이한다. '文을 배우는 일에 익숙해지다'는 것은 '學而時習'이고 '學而不厭'이다.

셋째, 의로운 일을 듣고서도 능히 그것을 따르지 못할까봐 걱정한다는 것이다. 이는 勇의 문제와 연결된다. "위정" 24장에서도 공자는 '의로움을 보고도 행동하지 않는다면 그 것은 용기가 아니다'고 했다.

넷째, 자신이 좋지 못한 점을 고치지 못할까봐 걱정한다는 것이다. 스스로의 不善함을 과감하게 고치지 못하는 것을 경계한다는 것으로 "술이" 16장에서 주역을 배우 큰 잘 못이 없이 살기를 바란 것과도 통하며 또한 "학이" 8장의 '過則勿憚改'가 바로 그것이다.

정약용은 이 장을 좀 더 큰 시야에서 풀이한다. '배우는 이들이 스스로를 닦는 일(修)에는 관심을 두지 않고 세상을 근심하거나 백성을 근심하거나 지극한 다스림이 회복되지 못할까봐 근심하고 또 윤리가 땅에 떨어질까 근심한다'는 것이다. 바깥의 큰일에 신경 쓰지 말고 네 자신부터 돌아보라는 의미로 이런 말을 했다는 것이다.

끝으로 "술이" 33장에서 겸손한 표현으로 공자는 자신은 성인이나 어진 경지에 이르려고 노력하고, 사람들을 일깨우는 일에 게을리 하지 않았다고 다음과 같이 말했다.

'성인(聖人)의 경지와 어진(仁者) 이의 경지에 대해서 말하게 될 경우 내가 감히 성인이나 어진이의 경지에 이르렀다고 자부할 수 있겠는가(若聖與仁 則吾豈敢)?
그러나 그런 행위를 하는 것은 싫어하지 않으며, 사람들을 일깨우는 것을 게을리 하지 않은 점에서는 나는 그렇다고 말할 수 있을 뿐이다
(抑爲之不厭 誨人不倦則可謂云爾已矣).'
공서화는 말했다 '바로 그 점이 우리 제자들이 결코 배울 수 없는 점입니다(公西華曰 正唯弟子不能學也).'

공자는 일단 성인의 경지와 어진이의 경지에 대해서 말하게 될 경우 자신은 감히 성인이나 어진이의 경지에 이르렀다고 자부할 수 없다고 말한다. 그러나(抑) 그런 행위를 싫어하지 않으며 사람들을 일깨우는 것을 게을리 하지 않는다는 점에서는 나는 그렇다고 말할 수 있을 뿐이라고 말한다. 그러자 제자 공서화는 공자의 이런 점을 제자들이 결코 배울 수 없다고 화답한다.

어진 경지에 이르려고 노력하는 사례로 "술이" 11장에서 富를 구해서 얻을 수 있다면 말채찍을 잡는 일이라도 하고, 억지로 구해지는 것이 아니라면 자기가 좋아하는 바를 좇겠다고 했다. 또 15장에서 공자는 부귀가 의롭지 못하면 뜬구름과 같다며 다음과 같이 말했다.

'거친 밥을 먹고 맹물을 마시며 팔꿈치를 굽혀 베개를 삼아도, 즐거움은 바로 그 가운데 있다
(飯疏食飮水 曲肱而枕之 樂亦在其中).
의롭지 못하면서 부유하고 귀한들 나에게는 뜬구름 같은 것이다(不義而富且貴於我如浮雲).'

공자라고 해서 거친 밥을 먹고 맹물을 마시는 것을 즐거워한 것은 아니라 그런 즐거움을 제대로 자기 것으로 만들어가며 산다면 불의를 통해 얻은 부귀는 뜬구름처럼 가볍게 여길 수 있다는 뜻이다. 공자는 의롭지 않은 부귀보다는 차라리 어짊을 편안히 여김(安仁)에서 근원적인 즐거움을 느꼈다. 또 공자는 "옹야" 9장에서 '**하나의 대그릇에 담을 밥과 하나의 표주박에 담은 음료만으로 누추한 삶을 살아갈 경우 일반 사람들은 그 근심으로 견뎌내지 못하는데 안회는 늘 한결같은 마음의 즐거움을 조금도 바꾸려 하지 않는다. 어질구나 안회여!**'라고 했다. 여기서도 공자는 안회가 어질다고 했다. 음식이나 거처의 누추함에 관계없이 공자는 인에서 근원적인 즐거움을 찾았다.

12. 공자의 好學

'배워서 그것을 늘 쉬지 않고 몸에 익히면 진실로 기쁘지 않겠는가(學而時習 不亦說乎).' – "학이" 1장

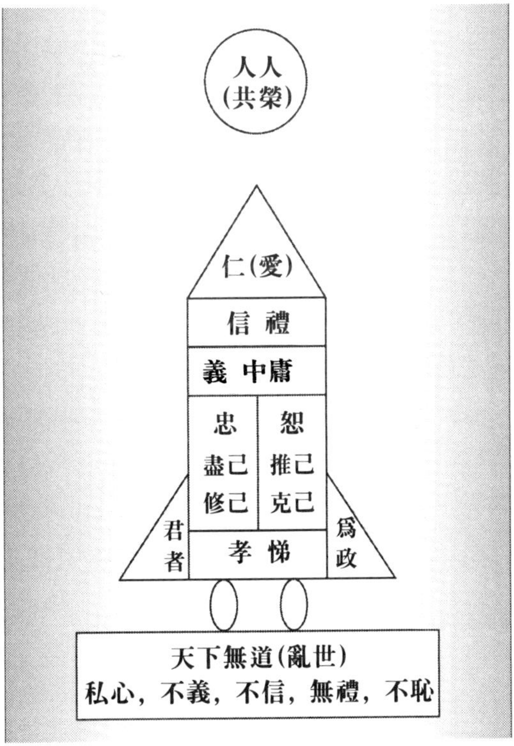

12. 공자의 好學

공자는 제자들에게 배우기를 좋아하고(好學), 또 널리 배우라고(博學) 가르쳤다. 더 나아가 배운 것을 익혀서 체화해야(時習) 한다고 일깨웠다. 한편 이런 배움의 목표는 남에게 인정받기 위함이 아니라 자신의 몸과 마음을 닦는데 역점을 두라고 한다. 또 이장에서는 배움에 앞서 갖추어야할 사람의 기본인격과 배움에서 얻는 결과에 대하여 살펴본다. 아울러 올바른 배움의 자세와 배움이 부족할 때 나타나는 나쁜 영향(弊端)에 대하여서도 알아본다.

12.1 왜 배워야 하는가?

옛 것을 깊이 파고들어 배우고 수시로 익혀서 그 가운데서 새로운 이치를 찾아내면 사람들의 스승이 될 수 있고, 자기의 도를 지극히 할 수 있고, 고집불통에 빠지지 않는다. 이런 가운데 자기혁신과 진취가 이뤄지기 때문에 기쁨을 느끼게 되고 또한 배움을 멈추지 않는다. 그러나 배움에 반드시 사색을 겸해야 속임수나 또는 황당무계의 지경에 빠지지 않는다.

첫 장인 "학이" 1장에서 제시하는 인간상은 부지런히 배우고 끊임없이 익히며 자신을 낮추어 스스로를 혁신해 가는 것이라는 것을 보요주고 있다.

'배워서 그것을 늘 쉬지 않고 몸에 익히면 진실로 기쁘지 않겠는가(學而時習 不亦說乎)?'

첫 구절은 학문하는 방법과 기쁨의 결과를 얻는다는 것을 사람들에게 제시하고 있다. 배우는 것만으로는 충분치 않다. 머리에서 온몸으로 체화(體化)의 과정이 필수적이다. 이것이 습(習)이며 '習' 자는 파자하면 '어린 새가 날개(羽)를 푸덕이며 스스로(自) 날기를 연습한다'로 '익히다'를 나타낸다. 배우기는 단번에 될 수 있으나 반면 익히기는 단번에 되지 않는다. 그래서 익히기는 늘 쉬지 않고 반복해서 이뤄져야한다. 따라서 시습(時習)의 時는 '시간이 날 때마다' 또는 '늘 쉬지 않고 반복해서'이다. 사실 배우고 익히는 일은 즐겁기보다는 힘겨운 일이다. 그러나 '學而時習'을 즐겁다(樂)가 아니라 그보다 강도가 훨씬 강한 기쁘다(悅)고 했다. 배우고 배운 것을 몸에 체화시키면 자기 발전과 진취가 이뤄지기 때문에 희열(喜悅)을 느끼는 것이다. 1장을 요약하면 배우고 항시 익히는 것의 기쁨을 안 뒤에라야 자신과 비슷한 식견을 갖춘 벗을 통한 새로운 지식과의 만남이 즐거운 것이고, 이런 기쁨과 즐거움을 아는 자라야 (자기가 학문의 성취를 보았는데도) 남이 알아주고 안 알아주고를 떠나 자기혁신(德日新 日新又日新)을 계속해 갈 수 있다. 주자(朱子)는 말했다. 德이 이루어지는 것은 (德之所以成) 學이 바르고(學之正) 습이 익숙하고(習之熟), 열이 깊어서(熱之沈) 그치지 않아야(不已) 되는 것이다.

"헌문" 25장에서 공자는 배우는 목적에 대하여 명확하게 밝혔다.

'옛날에 배우는 자들은 자신을 갈고 닦는 데 힘썼고
오늘날 배우는 자들은 남에게 인정받는 데 힘쓴다
(古之學者爲己 今之學者爲人).'

'爲己'와 '爲人'에 대한 정이천(程伊川)의 풀이다. '爲己는 (도를) 자기 몸에 얻으려고 하는 것이요, 爲人은 남에게 인정받으려 한다는 뜻이다.' 그래서 정이천은 이 장을 다음과 같이 풀이한다. '옛날에 배우는 자들은 자신을 위하여 끝내는 남을 이루어줌(成物)에 이르렀고, 지금 배우는 자들은 남을 위하여 끝내는 자신을 상실함(喪己)에 이른다.' 정약용의 풀이다. '몸소 착한 행실을 하면 내가 덕에 나아가게 되고, 입으로 착한 말을 하면 남이 도를 듣게 된다. 爲己라는 것은 자신에게 유익한 것이고 爲人이라는 것은 남에게 유익한 것이다. 만약 남에게 알려지는 것이 비록 나에게는 유익하지 않더라도, 또한 남에게도 유익하지 않다면 어떻게 爲人이라고 말할 수 있겠는가?'

"자장" 7장에서 자하가 말했다.

'온갖 공인들이 공방에 있으면서 그 일을 이루듯이
(百工居肆以成其事),
군자는 배워서 그 도를 지극히 한다(君子學以致其道).'

주희의 풀이다. '공인이 공방에 있지 않으면 다른 일에 마음이 옮겨가 일(業)이 정교하지 못하고, 군자가 배우지 않으면 외물의 유혹에 마음을 빼앗겨 뜻이 독실하지 못하다.' 또 정약용의 풀이다.

'군자의 학습법은 (항상) 학업에 관한 생각을 마음에 간직하고 이를 닦는 데 노력하고, 쉴 때도 이를 떠나지 않고 놀 때도 이를 잊지 않는 것이다.' '博學而篤志'와 같은 문맥으로 배움에 대한 의지를 돈독히 해야 함을 강조하고, 또 '군자는 학습을 통하여 그들이 구하고자 하는 인생의 진리를 통달한다'고 하여 장인들이 공방에서 숙련하여 좋은 물품을 만드는 것과 군자가 학문을 연마하여 道에 이르는 것을 비유하고 있다.

"위정" 11장에서 공자는 말했다.

'옛것을 배워 익히고 그리하여 새것을 알아내면(溫故而知新) 얼마든지 스승이 될 수 있다(可以爲師矣).'

여기서 '溫故而知新'만 놓고 보면 두 가지 해석이 가능하다. '한편으로는 옛것을 익히면서 다른 한편으로는 새것을 배운다'로 볼 수 있고, 다른 하나는 '옛 것을 깊이 파고 들어가면서 그 안에서 새로운 이치를 찾아내어 배운다'로 볼 수 있다. 溫은 과거에 이미 배운 지식을 때때로 익힌다는 뜻이다. 그러나 뒤에 오는 '다른 사람을 가르칠 수 있는 스승'의 자질이라는 측면에서 보면 후자의 해석이 더 설득력이 있다. '옛날에 배운 지식을 되풀이하여 연구하고 새로운 도리를 깨달아 자기의 학문을 발전시킴으로써 어느 때고 막힘없이 남에게 응대할 수 있어야 다른 사람의 스승이 될 수 있다'고 하여 스승이 될 수 있는 자격에 대해 말하고 있다. '溫故而知新'과 '學而時習'은 정확하게 맥이 통한다. 學은 溫故이고 그리고 時習은 踏襲(답습)이 아니라 새로운 것으로 나아가기 위한 훈련과

준비이다. 그리고 나면 知新을 향해 나아가게 된다. 따라서 '學而時習'은 '옛 것을 깊이 파고들어가면서 그 안에서 새로운 이치를 찾아내어 배운다(溫故而知新)'로 볼 수 있다.

"학이" 8장에서 공자는 말했다.

'군자가 되려는 사람이 진중하지 못하면 위엄을 갖출 수 없고, 배우면 고집불통에 빠지지 않는다
(不重則不威 學則不固).
자신에게 최선을 다하고 남들에게 믿음을 주어야 하고,
자기보다 못한 사람과는 벗하지 말며,
허물이 있으면 고치기를 꺼려해서는 안 된다
(主忠信 無友不如己者 過則勿憚改).'

군자가 어떠해야 하는지에 대한 기본자세를 이야기한다. 문장을 둘로 나눠 '진중하지 못하면 위엄이 없고, 배우면 고집불통에 빠지지 않는 다'와 같이 두 개의 문장을 병렬로 옮긴다. 여기의 重은 鎭重함으로 풀이된다. 固는 여기서 고루하다는 뜻이다.

다음 절에서 공자는 重과 學을 풀어서 설명한다. 진중함을 갖추려면 자기 자신에게 최선을 다하고(忠) 남들에게 믿음(信)을 줄 수 있어야 한다고 말한다. 學에 대한 설명으로 '위기지학(爲己之學)'을 해야 하는 군자는 널리 사람을 사귀더라도 자기보다 못한 자(不如己者)는 벗하지 말고(無友), 자기 자신에게 허물(過)이 있으면 그것을 바로잡는 것(改)을 꺼려서는 안 된다(勿憚)고 강조한다. 남보다 자기 자신에게서 문제해결의 단서를 찾으라고 권하는 것이다. 동시에 '主忠信', '無友不如己者', '過則勿憚改'이 세 가지는 진정한 의미에서 배우고 익히는(學而時習)의 방법이기도 하다. 또한 '過則勿憚改'는 '學則不固'에 대한 구체적인 설명이다. 즉 자기에게 허물이 있으면 고집불통을 부릴 것이 아니라 바로 고치기를 꺼려서는 안 되기 때문이다.

"위정" 15장에서 공자는 말했다.

'배우기만 하고 생각을 하지 않는다면 속임을 당하기 쉽고 (學而不思則罔), (반대로) 생각만 하고 배우지 않는다면 위태로워질 수 있다(思而不學則殆).'

생각(思)과 배움(學)은 군자가 되려는 자에게 반드시 필요한 두 가지 길이며 편중됨이 없이 학습과 사색을 반드시 겸해야 한다고 강조하고 있다. 罔은 망연(罔然 : 마음이 황홀한 모양)하여 얻는 것이 없다는 뜻과 무망(誣罔 : 남을 그럴듯하게 속여 넘김)의 '속다'라는 뜻으로 풀이 되고, 殆는 危로 위태하고 불안하다는 뜻으로 풀이된다. '爲己之學'을 해야 하는 군자가 배우는 것 자체에만 몰입해 배운 것을 익히고 생각해서 반추하는 일을 소홀히 한다면 그것은 결국 속임수(罔)에 빠지기 쉽고 (本末을 자세히 따져보지 않고 옛 글을 가벼이 믿으면 간혹 무망에 떨어지게 된다), 반대로 배움은 없이 생각만 한다면 황당무계의 지경에 빠지기 십상이니 위태롭다고 말한다. 즉 배우되(學而) 자기가 생각하지 않으면(不思) 터득하지 못해 어둡고(則罔), 제멋대로 생각만 하고(思而) 배우지 않으면(不學) 오류나 독단에 빠질 위험이 있어 위태롭다(則殆). 따라서 생각과 배움은 군자가 되려는 자에게 반드시 필요한 두 가지 길이며 편중됨이 없이 학습과 사색을 반드시 겸해야 한다고 강조하고 있다.

"양화" 8장은 순진하고 직선적이어서 융통성이 부족했던 제자인 자로에게 일깨움을 주기 위한 공자의 말씀으로 호학이 없을 때의 弊端에 대한 내용이다. 여기서 배움(學)이 뒷받침되지 않는 仁, 知, 信, 直, 勇, 剛의 폐단을 하나씩 일깨워 준다.

첫째, '好仁不好學 其蔽也愚'고 말한다. 어짊을 좋아하기만 하고 (그에 필요한) 배움은 좋아하지 않는다면 그 폐단은 어리석게 된다는 것이다. 어리석게 되는 것에 대해 주희는 '함정에 빠질 수 있고 속일 수 있는 부류와 같은 것'이라고 풀이한다. 즉 배움이 없이 인을 좋아하기만 한다면 쉽게 함정에 빠지고 기만당할 수 있다는 뜻이다.

둘째, '好知不好學 其蔽也蕩'고 말한다. 여기서 知를 어떻게 풀이하느냐에 따라 蕩의 풀이도 달라진다. 크게 두 가지다. 하나는 전통적인 해석에 따라 지식이나 지혜로 보는 것이고, 또 하나는 지인(知人)으로 보는 것이다. 전통적인 번역은 이렇다. '지혜만 좋아하고 배움을 좋아하지 않으면 그 폐단은 방탕하게 된다는 것이다.' 오히려 사람을 평하고 논하기를 좋아하는 것(知人)으로 볼 때 문맥도 자연스럽다. 그러면 탕도 방탕보다는 쓸데없는 데 시간과 노력을 탕진하고 있다는 의미로 이해해야 한다.

셋째, '好信不好學 其蔽也賊'고 말한다. 신의(信義)를 좋아하기만 하고 배움은 좋아하지 않는다면 그 폐단은 해치게 되는 것(賊)이다. 적(賊)은 해치다, 상하게 하다, 죽이다 등의 뜻을 갖고 있다. 주희는 적(賊)을 사람에 대한 위해라기보다는 일을 그르치게 하는 것으로 풀이한다. 결국 신의를 좋아하기만 하고 배움은 좋아하지 않는다면 그 폐단은 일을 그르치는 것이라는 뜻이 된다. 정약용의 풀이다. 배움이 뒷받침 되지 않는 신의는 오히려 부정적 의미를 갖게 된다. 고집스러운 신의, 즉 작은 신의라는 뜻에서 諒(양)과 통한다. 또 賊을 '잔인하다'로 풀이한다. '적은 잔인한 것이니, 하나만 잡고서 변통할 줄 모르면 때로 잔인해진다.'

넷째, '好直不好學 其蔽也絞'고 말한다. 이 뜻을 풀 수 있는 결정적인 단서는 "태백" 2장에서 禮가 뒷받침되지 않는 恭, 信, 勇, 直의 폐단을 말하고 있다. '용맹(勇)하되 禮가 없으면 문란해질 수 있고(亂), 곧되(直) 禮가 없으면 강팍해진다(絞).' 이는 배우지 않는 다의 의미를 예나 도를 배우지 않는다고 풀이할 수 있는 단서를 제공한다.

다섯째, '好勇不好學 其蔽也亂'고 말한다. 이에 대해서는 이미 "태백" 2장에서 잠깐 언급되었다. "태백" 10장이 더 상세하다. '용맹을 좋아하면서 가난함을 싫어하는 것은 난을 일으키고, 배운 사람이면서 어질지 못한 것을 너무 미워하는 것도 난을 일으킨다.' 용맹이 있되 의리(義理)를 모르면 해치고 어지러워진다는 뜻이다.

여섯째, '好剛不好學 其蔽也狂'고 말한다. 주희는 '勇은 剛이 드러난 것이고, 剛은 勇의 체이다. 狂은 조급하고 경솔한 것'이라고 풀이한다. 광에 대해 정약용은 '높은 체 스스로를 자랑하여 세상을 능멸하고 남에게 오만을 부려 사람들로 하여금 가까이 하기 어렵게 하는 것'이라고 본다.

배움(學)은 習이다. 詩禮樂을 배우는 것은 곧 타고난 性을 올바른 방향으로 이끌어나가는 가장 바른 방법이다.

12.2 好學의 의미 및 자세

"학이" 6장과 7장을 통하여 먼저 文을 배우기에 앞서서 사람이 갖추어야할 근본(質)에 성심성의(誠心誠意)를 다하여 힘쓰라고 강조하고 있다. "학이" 6장에서 사람들에게 덕행을 수양하는 것을 근본으로 하고, 지식을 구하는 것은 그 이후의 문제라고 가르치고 있다. 공자는 말했다.

'어린 사람들은 집에 들어오면 효도하고 밖에 나가면 공순하며(弟子入則孝 出則弟), 행실을 삼가고 말에는 믿음이 담겨야 하며(謹而信), 널리 사람들을 사랑하되 어진 이를 가까이해야한다(汎愛衆而親仁).
이런 일들을 몸소 익혀 행하면서도 남은 힘이 있거든 그때 가서 문(文)을 배우도록 하라(行有餘力 則以學文).'

文을 배우기에 앞서 사람들이 지켜야 할 기본(質)을 이야기하고 있다. 도리에 맞는 행실이 선행되지 않는다면 文을 배워봤자 아무 소용없다는 의미이다. 공자의 도리에 맞는 행실의 핵심은 첫째, 집안에서는 효도(孝道)하고 밖에 나가서는 윗사람에게 공순(恭順, 弟)해야 한다는 것이다. 둘째, 행동을 할 때는 삼가(謹)야 하고 말에는 믿음(信)이 담겨야 한다. 셋째, 널리 사람들을 사랑하되(愛衆) (그 중에서 특히) 어진 이를 가까이(親仁) 해야 한다. 이 세 가지가 몸에 익어 의도하지 않아도 자연스럽게 발현될 수 있을 만큼 되었을 때 비로소 문을 배우도록 강조한다. 근(謹)이란 행실에 떳떳함이 있는 것이요, 신(信)이란 말에 성실(誠實)함이 있는 것이다.

"학이" 7장은 제자 자하의 말로 6장에서 강조한 기본(質)에 더해지는 성심성의(誠心誠意)를 이야기하고 있다. 자하는 말했다.

'어진 이를 어질게 여기기를 여색(女色)을 좋아하는 마음과 바꿔서 하고, 부모 섬기기를 기꺼이 온 힘을 다하며 (賢賢易色 事父母能竭其力), 임금 섬기기를 기꺼이 온몸을 다 바쳐 하고, 벗과 사기기를 일단 말을 하면 반드시 책임을 져 믿음을 주는 식으로 하는 사람이 있다면(事君能致其身 與朋友交言而有信) 그 사람이 비록 배우지 않았더라도 나는 반드시 그 사람이 (이미 문을) 배웠다고 말할 것이다(雖曰未學 吾必謂之學矣).'

자하는 다음과 같은 네 가지 유형의 사람들에 대해서는 설사 그 사람이 배우지 않았다 하더라도 반드시(必) 배웠다고 할 것이라고 말한다. 거꾸로 말하면 배우기에 앞서서 갖추어야할 소양이라 할 수 있다. 첫째, 賢賢易色(현현역색)이다. 앞의 현은 '존중하다'라는 뜻의 동사이고, 뒤의 현은 '현인(人之賢)' 혹은 '현덕함'을 뜻하는 명사이다. 따라서 賢賢은 '뛰어난 인재(賢才)를 알아보고 그에 걸맞게 예우하는 것'이다. 易色의 易은 '바꾸다'의 뜻이고 '色'은 여기서 '美色'을 뜻하므로 '女色을 좋아하는 마음과 바꿔서 하며'가 되어 여색을 밝히듯 뛰어난 인재를 구하는 데 힘써야 한다는 것이다(어진 이를 존경하되 여색을 좋아하는 마음과 바꿔서 하며). 둘째, 부모 섬기기를 기꺼이(能) 온 힘을 다하여야 한다고 했다. 그 만큼 자발적이고 적극적으로 하라는 뜻이다. 셋째, 임금을 섬기기를 기꺼이 온몸을 다 바쳐(致身)하라고 한 것이다. 致는 내맡기는 것이다. 내맡긴다는 것은 자기 몸을 자기 몸으로 여기지 않는다는 말이다. 넷째, 뜻이 같은 벗과 사귀되 일단 말을 하면 반드시 책임을 져 믿음을 주는 것(有信)이다. 易色은 어진 이를 존경하는데 성실히 하는 것이고, 竭力은 어버이를 섬기는 데 성실히 하는 것이고, 致身은 높은 위치에 있는 이를 높이는 데 성실히 하는 것이고, 有信은 벗을 사귀는 데 성실히 하는 것이다. 이 네 가지는 모두 인륜의 큰 덕(德)이니 행함에 반드시 정성을(精誠) 다해야 한다. 따라서 성심성의(誠心誠意)를 다함이 배움보다 앞선다. 즉 자하는 '이 네 가지를 실행하는 사람은 비록 배우지 않았더라도 배웠다고 말할 것이다'고 했다.

여기서는 배움의 의미와 배우는 자세에 대하여 살펴본다. "공야장" 27장과 "술이" 18장은 공자 자신의 호학하는 모습을 넌지시 자랑하고 있는 모습을 묘사하고 있다. "공야장" 27장에서 공자는 말했다.

'열 가구 정도의 작은 마을에도(十室之邑)
반드시 충성과 신의에 있어서는(必有忠信)
나와 같은 자가 있겠지만(如丘者焉),
나처럼 배우기를 좋아하지는 못할 것이다 (不如丘之好學也).'

'열 가구 정도 되는 작은 마을에도 나만큼 忠信한 사람은 반드시 있겠지만 (그런 사람들도) 나만큼 배우기를 좋아하지는 못할 것이다'고 공자가 자신을 비교의 단서로 삼으면서 자신의 호학하는 정도를 넌지시 자랑하고 있다.

"술이" 18장에서 '葉公(섭공)이 자로에게 공자에 대하여 물었으나 자로가 섭공에게 대답하지 않았다'는 말을 전해들은 공자는 다음과 같이 말하면서 자로에게 자신의 호학하는 자세를 자랑하고 있다.

'너는 어째서 (섭공에게) 공자의 사람됨은 알지 못하면 분발하느라 먹는 것도 잊고(發憤忘食) 뭔가를 깨달으면 즐거움이 깊어 근심을 잊고 늙음이 장차 다가오는 것도 모른다(樂以忘憂 不知老之)고 말하지 않았느냐?'

이 말은 섭공이 공자의 정치참여 권유를 염두에 두고 물어본 것일 텐데 굳이 대답을 하지 않아 그의 노여움을 사지 말고 애당초 문(文)을 배우는 일에 빠져 도무지 정치하고는 상관이 없을 것이라는 식으로 답변해 주면 되었을 것이라고 자로를 일깨워주는 것이다. 동시에 제자들에게 자신이 얼마나 好學하는지를 가르쳐주는 구절이기도 하다. 섭공은 초나라 葉縣(섭현)을 다스린 沈諸梁(심제량)이란 인물로 원래 지위는 윤(尹- 관직명으로 정승과 판서의 중간쯤 되는 자리)에 불과한데 스스로를 공(公)이라 일컬었다.

"옹야" 2장, "자장" 4장 및 "자장" 5장에서 공자가 좋아하는 好學의 의미를 읽을 수 있다. 먼저 "옹야" 2장에서 노(魯)나라 애공(哀公)이 공자에게 당신 제자 중에서 누가(孰) 배우는 것을 좋아하는가(好學)라고 묻는다. 공자는 제자 안회(顔回)는 호학했으며 **'분노를 다른 데로 옮기지 않고 잘못을 두 번 다시는 반복하지 않았습니다(不遷怒 不貳過)'** 라고 덧붙인다. 여기서 공자는 안회의 경우를 통하여 好學의 의미를 책이나 독서를 좋아하는 것이 아니라 자신의 분노를 남에게 옮기지 않고 잘못을 되풀이 하지 않는 것과 같은 덕행(德行)을 쌓아가는 것으로 풀고 있다. 이어 공자는 불행하게도 단명하여 지금은 그가 가고 없으니 (더 이상) 배우기를 좋아하는 자(好學者)가 있다는 말을 들어보지 못했다고 말한다. 안회는 공자의 제자 중에서 가장 仁에 가까운 제자였다.

"자장" 5장에서 자하는 말했다.

'날마다 모르는 것을 알며(日知其所亡),
달마다 능한 것을 잊지 않으면(月無忘其所能)
배우기를 좋아한다(好學)고 이를 만하다.'

매일 자기가 이전에 듣지 못했던 새로운 지식을 알고, 매달 부단하게 복습하여 이미 자기 것이 된 것을 잊지 않으면 호학하는 사람이라 하여 배움을 향해 나아가는 길을 설명하고 있다. 앞에서 밝힌 '學而時習'과 '溫故而知新'으로 이어지는 學의 모습이다.

"자장" 4장에서 자하는 말했다.

'비록 작은 도라 하더라도 반드시 보아줄 만한 것이 있겠지만
원대함에 이르는 데 걸림돌이 될까 두렵다
(雖小道 必有可觀者 致遠恐泥).
바로 이 때문에 군자는 작은 도는 하지 않는 것이다
(是以君子不爲也).'

원대함(遠)은 큰 도(大道)를 말한다. 양시(楊時)의 풀이다. '백가(百家)의 여러 기예는 마치 이목구비와 같아서 모두 밝은 바가 있으나 서로 통하지 못하니(通, 泥) 볼 만한 것이 없는 것은 아니지만, 원대함에는 이르는 데 장애가 된다. 그래서 군자는 (작은 도는) 하지 않는 것이다.' 따라서 군자가 道를 구하는 데는 小道를 생각지 않고 원대한 곳에 목표를 둔다고 했다.

"학이" 14장부터는 호학하는 삶에 있어서 배움의 자세를 공자는 자세히 말했다.

'무릇 군자가 되려고 하는 자는 먹을 때 배부름을 구하지 않고 거처할 때 편안함을 구하지 않으며 (君子食無求飽 居無求安), 또 일을 할 때는 민첩하게 하고 말을 신중하게 하며 (敏於事而愼於言), 이어 도리를 갖추고 있는 사람에게 찾아가(就) 잘잘못과 옳고 그름을 바로잡는다면(就有道而正焉) 설사 그가 文을 아직 배우지 않은 사람이라 하더라도 文을 배우기를 좋아하는 사람이라고 이를 수 있다(可謂好學也已).'

호학하는 군자가 갖출 기본자세에 관련된 내용이다. 무릇 군자가 되려고 하는 자는 의식주 모든 면에서 소탈함을 추구하고, 또 일을 할 때는 민첩하게 하고 말을 신중하게 하며, 이어 도리를 갖추고 있는 사람에게 찾아가 잘잘못과 옳고 그름을 바로잡는다면 설사 그가 문을 배우지 않은 사람이라 하더라도 문을 배우기를 좋아하는 사람이라고 이를 수 있다. 즉 진정으로 학문을 좋아하는 사람은 오로지 인간의 도리를 학습하는데 뜻을 두고, 물질생활의 편안함이나 배부름을 돌보지 않는다고 배우는 자세를 설명하고 있다. "술이" 18장에서 공자 자신도 알지 못하면 분발하느라 먹는 것도 잊는 다고 했다.

"태백" 13장과 17장은 배우는 자세에 대하여 강조하고 있다. 13장에서 공자는 말한다.

'독실하게 믿음을 갖고서 배우기를 좋아하고 죽음으로써 지켜 도를 닦아 나아가야 한다 (篤信好學 守死善道).'

"태백" 17장에서 공자는 배우는 자의 마음의 자세를 말했다.

'배움은 마치 내가 못 미치면 어떡하나 하는 마음으로 해야 하고, 또 그것을 잃으면 어떡하나 두려워하는 마음으로 해야 한다(學如不及 猶恐失之).'

늘 부족하다는 마음을 가지고 열심히 배우고, 어렵게 거기에 이르렀다 하더라도 그것을 잃으면 어떡하나 두려워하는 마음으로 하라는 뜻으로 배우는 자의 자세가 아닐까 한다. 학문하는 자세를 더 설명이 필요 없을 정도로 잘 설명하고 있다.

"자장" 6장에서 자하가 말했다.

'널리 배우고 의지를 독실이 하고(博學而篤志),
의문 나는 것이 있을 때는 절실하게 묻고
가까이에서 생각해 추구해가면(切問而近思),
인도 그 간운데 얻는 효과를 보게 된다(仁在其中矣).'

널리 배우고 뜻을 돈독히 하며, 절실하게 묻고(切問) 자기 가까이에서 생각해야(近思) 한다는 것이다. 이에 대한 소식(蘇軾)의 풀이다. '배우기를 널리 하기 만 하고 뜻이 독실하지 않으면 크기만 하고 이룸이(成) 없으며, 대충 묻고 먼 것만 생각하면 수고롭기만 하고 아무런 실효가(功) 없다.' 정약용은 보다 적극적으로 풀이한다. '묻는 것을 새기고 저민 듯이 하면 아는 바가 정밀해지고, 생각하는 것을 (가까이) 자신의 몸에서부터 하면 깨닫는 바가 절실해진다.' 근사(近思)는 자기 가까이에서 생각하라는 것이다. 즉 주변의 일상생활에서 생각해야 인(仁)에 다가갈 수 있다는 뜻이다(仁은 그 가운데 있다).

"공야장" 14장에서 자공이 물어 여쭈었다. 위나라 대부인 공문자께 어째서 문(文)이란 시호를 붙였습니까? 공자는 대답했다.

'행하는데 민첩하고 배우기를 좋아했고(敏而好學)
아랫사람에게 묻기를 부끄러워하지 않아(不恥下問)
문(文)이란 시호를 내린 것이다(是以謂之文也).'

즉 '敏而好學과 不恥下問' 하였기에 공문자는 문(文)이라는 諡號를 받을 수 있었다고 말했다. 즉 학문하는 사람은 배우기를 좋아하고 아랫사람에게 묻기를 부끄러워하지 않아야 한다고 강조한다.

"옹야" 18장에서 공자는 말했다.

'아는 자는 좋아하는 사람만 못하고(知之者不如好之者), 좋아하는 사람은 즐기는 사람만 못하다(好之者不如樂之者).'

이장에서 공자는 사람이 외부의 사람이나 사물과 맺는 관계를 크게 3단계로 나눈다. 처음에는 아는 것(知), 그 다음은 좋아하는 것(好), 마지막은 즐기는 것이다(樂). 첫 단계의 知는 이롭다(利)는 것을 알다와 통하고, 두 번째 단계의 好는 구하다(求)와 통하고, 세 번째 단계의 樂은 편안하게 여기다(安)와 통한다. 공자는 사람이 외부 사람이나 사물을 배움에 있어서 단지 좋아할 뿐만 아니라 즐겨야 한다고 이른다. "학이" 1장의 첫 구절과 완전히 일치하는 내용이다. 배우고 익혀서 자신에게 진취가 이루어지면 즐거움이 넘쳐서 배움을 멈추지 못함을 설명하고 있다.

13. 공자의 교육관

'알고 싶어 분발하지 않으면(不憤) 깨우쳐 주지 않고(不啓), 표현을 못해 더듬거리지 않으면(不悱) 말을 거들어주지 않았다(不發).' – "술이" 8장

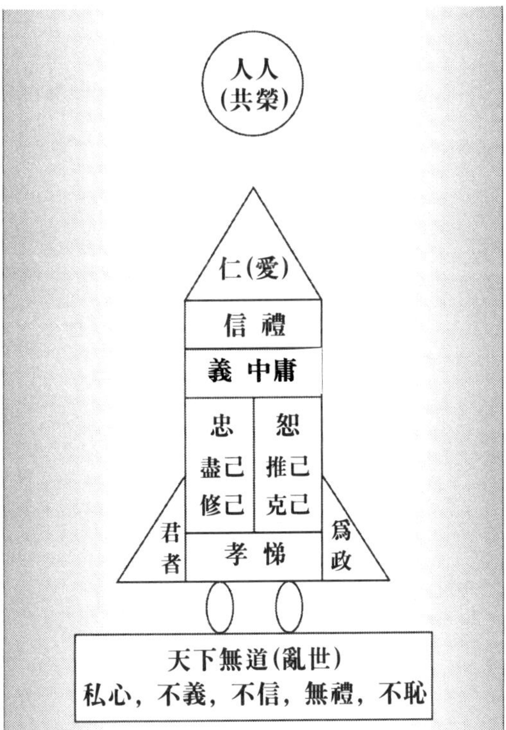

13. 공자의 교육관

공자는 많은 제자의 교육을 통하여 無道의 세상을 교화시키려고 노력하여, 공자가 평생 동안 가르친 제자는 삼천명에 이른다고 한다. 따라서 공자는 사상가일 뿐만 아니라 훌륭한 교육자이다. 이 장에서는 [논어]에 나오는 내용을 중심으로 공자가 어떻게 제자를 가르쳤는지 공자의 교육관에 대한 내용을 살펴본다. 한 마디로 공자 교육의 요점은 스스로 터득하는 것(自得)이 모든 공부의 출발이 된다는 것을 강조하고 있고, 하나라도 더 배우려고 분발하지 않으면 가르치려 하지 않는다는 것이 교육방법이다. 또 배우는 자는 늘 부족한 마음을 가지고 배운 것을 생각하여 혼자의 오류나 독단에 빠지지 않도록 배움과 사색을 반드시 겸해야함을 강조하고 있다.

"양화" 2장에서 교육의 중요성에 대한 공자의 설명이다. 공자는 성(性)은 서로 가깝고, 습(習)은 서로 멀다고 말했다.

'본성은 서로 비슷하나 익히는 것에 의해 서로 멀어지게 된다 (性相近也 習相遠也).'

性을 本性으로 이해할 것인지 性質로 볼 것인지에 따라서 다양한 해석이 가능하다. 주희와 정자는 기질의 성(氣質之性)으로 해석하고 정약용은 本性으로 풀이한다. 정자가 말했다. '이것은 氣質을 말한 것이고, 성의 근본(本性)을 말한 것이 아니다. 만약 근본을 말한다면 性은 곧 理요, 理는 선하지 않는 것이 없으니 맹자가 말한 성선(性善)이 바로 이것이다.' 정약용의 풀이다. '사람이 선천적으로 덕을 좋아하고 악을 미워하는 本性은 성인이나 범인이나 모두 같으니 이 때문에 본래 서로 비슷하며, 어진 이와 친하고 소인을 업신여기는 습성(習性 : 버릇이 된 성질)은 사람마다 다름이 있으니 이 때문에 마침내 서로 멀어진다.' 인성(人性)은 서로가 비슷한데 후천적으로 선악이 달라지는 것이라고 설명하고 있다. 習相遠也는 습성이 서로 현격하게 다르다. 그리하여 사람은 궁극적으로 서로 다른 모습으로 변해간다는 뜻이며 習은 습관이나 교육 등 후천적인 환경을 가리킨다.

"술이" 7장에서 공자는 배움에는 배우려는 의지가 무엇보다 중요하다고 생각했다. 따라서 배우겠다는 사람을 차별하지 않았다. 공자는 말했다.

'스스로 찾아와서 포 한속 내놓으며
배움을 청하는 사람들에게(自行束脩以上)
내 일찍이 가르쳐주지 않은 적이 없다(吾未嘗無誨焉).'

스스로 찾아와 가르침을 청할 때 禮만 갖추면 누구든 가르쳐 깨닫도록 했다는 의미이다.

또 "위령공" 38장에서 공자는 말했다.

'가르침이 있으면 종류가 없다(有教無類)'

주희의 풀이다. '사람의 본성은 다 선하다. 그 종류에 선과 악의 다름이 있는 것은 기질과 습관에 물들기 때문이다. 그러므로 군자의 가르침이 있으면 사람이 모두 선으로 돌아올 수 있으니, 다시 그 종류의 악함을 논하는 것은 부당하다.' 그만큼 가르침이 중요하다는 뜻이다. 정약용은 '類를 두 가지로 구분할 수 있는데 하나는 族類이니 百官(벼슬아치), 萬民(백성) 등 귀천으로 구분하는 것이요, 또 하나는 種類이니 九州, 西夷 등 지역의 원근으로 나누는 것이다. 가르침이 있으면 모두 大道에 들어갈 수 있으니 이것이 無類인 것이다. 그러나 선악은 類일 수 없다. 악인도 가르치면 선인이 되기 때문이다.' 공자는 '군자가 가르침을 펼 때, 가르침을 받을 대상을 선택하지 말고 기회를 균등하게 주어 똑같이 교육을 시키면 귀천이나 중화나 오랑캐 등의 구별이 없어진다'라고 하여 교육의 기회를 균등히 할 것을 주장하고 있다.

"술이" 8장에서 설사 배움을 청하고 禮를 갖추고 또 강한 배움의 의지를 갖고 있다하더라도 아래와 같은 조건이 충족되지 않으면 가르침을 주지 않는다는 이야기다.

'알고 싶어 분발하지 않으면(不憤) 깨우쳐 주지 않고(不啓),
표현을 못해 더듬거리지 않으면(不悱)
말을 거들어주지 않았다(不發).'

즉 스스로 힘쓰고 분발하지 않는 자에게는 굳이 일깨워 밝혀주지 않았다는 것이다. 또 뭔가 표현하려고 진정 애를 태우는 사람이라야 그 사람의 말문이 터지도록 해줄 수 있다는 것이다. 또 공자는 말했다.

'하나를 가르쳐주어(擧一隅) 나머지 세 가지를 알아차리지 못하면(不以三隅反) 더는 가르치지 않는다(則不復也).'

다시 자발적 의지를 강조하고 있다. 결코 암기 교육을 하지 않았음을 선언하고 있다. 학문(學文)을 스스로 해야지 남의 것을 배워 그대로 외워 답습하지 말라 함이 곧 호학임을 여기서 알아차릴 수 있다. 본인 스스로도 알지 못하면 분발하는 모습을 공자는 "술이" 18장에서 자로에게 말했다. **'(알지 못하면) 분발하느라 먹는 것도 잊고 (뭔가를 깨달으면) 즐거움이 깊어 근심을 잊고 늙음이 장차 다가오는 것도 모른다고 말하지 않았느냐?'**

또 "위령공" 15장에서 공자는 '어떻게 할까'하고 분발하지 않는 자에게는 어쩔 수 없다고 말했다.

" '어떻게 할까 어떻게 할까라' 고 말하지 않는 사람은 나도 어떻게 할 도리가 없다 (不曰 '如之何如之何'者 吾末如之何也已矣)."

어떻게 할까라고 고민하는 것은 긍정적 의미를 가진다. 심사숙고(深思熟考)하는 것이다. 정약용의 풀이다. '선을 향해 가는 사람은 학업이 전진하지 못함을 근심하고, 세월이 함께하지 않고 가는 것을 슬퍼하며, 밤이나 낮이나 근심과 탄식으로 스스로 상심하고 슬퍼하여 어떻게 할까 어떻게 할까 말한다. 더 분발(奮發)하고 진작함이 이와 같지 않은 자는 성인이라도 또한 어떻게 할 수가 없다.' 스스로 근심하고 스스로 창안하여 방법을 찾아가는 사람은 재능을 갖춘 사람으로 만들 수 있으나, 그렇지 않은 자는 가르칠 방법이 없다고 강조하고 있다.

"자한" 10장과 "자한" 7장에서 공자의 가르침에 대해서 묘사했다. 먼저 "자한" 10장에서 안연은 다음과 같이 묘사했다.

'공자께서는 차근차근 사람들을 잘 이끄시어
(夫子循循然善誘人)
문으로써 나를 넓혀주시고 예로써 나를 다잡아주셨다
(博我以文 約我以禮).
그래서 공부를 그만두고자 해도 그만 둘 수 없다
(欲罷不能).'

공자는 스스로 힘쓰고 분발할 것을 당부했지만 가르침은 차근차근 순리대로 잘 가르치어 교육 방법이 질서 정연하여 배우는 자가 이해하기 쉬웠다고 할 수 있다.

"자한" 7장에서 공자는 '내가 아는 것이 있는가?'하고 말한다. 실제로 아는 것이 없다는 것이 아니라 안다는 것의 근본 의미를 되묻는 것이다. 이어서 공자는 말했다.

'다만 비루한 사람이 있어 나에게 물을 경우
그가 머릿속이 텅 빈 듯 무지한 사람이라 하더라도 나는
그 처음과 끝(兩端)을 다 들어보고서 최대한 다 말해 주겠다
(有鄙夫問於我 空空如也 我叩其兩端而竭焉).'

이 장에서 공자의 교육관이 드러난다. 가르침은 가르치는 자가 이미 머릿속에 알고 있는 것을 전해주는 것이 아니다. 모르는 사람의 원점에 출발해 그가 아무리 텅텅 비어서(空空如也) 아무것도 아닌 것을 묻더라도 그가 묻는 내용을 이해한(叩) 다음 진정으로 그 사람을 알게 하는 것(誨)이다. 공자의 가르침은 일깨움(誨/啓)이다. 공자는 겸사의 말로 지식은 없으나 사람을 가르치는 데 성의를 다한다(竭)고 한다. 叩(두드릴 고, 물을 고)는 묻다, 발동시킴의 뜻, 다산은 擊으로 보아 '깊이 있게 생각하는 것'으로 해석했다.

"위정"편 15장에서 공자는 학습과 사색을 병행할 것을 말했다.

'배우기만 하고 생각은 하지 않는다면 속임을 당하기 쉽고(學而不思則罔), (반대로) 생각만 하고 배우지 않는다면 위태로워질 수 있다(思而不學則殆).'

생각(思)과 배움(學)은 군자가 되려는 자에게 반드시 필요한 두 가지 길이며 편중됨이 없이 학습과 사색을 반드시 겸해야 한다고 강조하고 있다. 罔은 망연(罔然 : 마음이 황홀한 모양)하여 얻는 것이 없다는 뜻과 무망(誣罔 : 남을 그럴듯하게 속여 넘김)의 '속다'라는 뜻으로 풀이 되고, 殆는 危로 위태하고 불안하다는 뜻으로 풀이 된다. 위기지학(爲己之學)을 해야 하는 군자가 배우는 것 자체에만 몰입해 배운 것을 익히고 생각해서 반추하는 일을 소홀히 한다면 그것은 결국 속임수(罔)에 빠지기 십상이니 위태롭다고 말한다. 반대로 배움은 없이 생각만 한다면 황당무계의 지경에 빠지기 십상이니 위태롭다고 말한다. 즉 배우되(學而) 제가 생각하지 않으면(不思)

터득하지 못해 어둡고(則罔), 제멋대로 생각만 하고(思而) 배우지 않으면(不學) 위태롭다(則殆). 오류나 독단에 빠질 위험이 있다.

또 "자장" 6장에서 자하는 배우는 자의 공부 방법에 대하여 다음과 같이 말한다.

'널리 배우고 뜻을 독실이 하며, 의문 나는 것이 있을 때는 절실하게 묻고 가까이에서 생각해 추구해가면 인도 그 가운데 얻는 효과를 보게 된다
(博學而篤志 切問而近思 仁在其中矣).'

절실하게 묻고(切問) 자기 가까이에서 생각해야(近思) 한다는 것이다. 정약용의 풀이다. '묻는 것을 새기고 저민 듯이 하면 아는 바가 정밀해지고, 생각하는 것을 (가까이) 자신의 몸에서부터 하면 깨닫는 바가 절실해진다.' 근사(近思)는 자기 가까이에서 생각하라는 것이다. 즉 주변의 일상생활에서 생각해야 인(仁)에 다가갈 수 있다는 뜻이다(仁은 그 가운데 있다).

"자한" 23장에서 공자는 '충고를 받은 사람은 잘 못을 고쳐야한다'고 말한다. 공자는 말했다.

'바르게 타이르는 말은 따르지 않을 수 있겠는가?
잘 못을 고치는 것이 중요하다(法語之言 能無從乎 改之爲貴).
완곡하게 에둘러 해주는 말은 기뻐하지 않겠는가?
그 실마리를 찾는 것이 중요하다(巽與之言 能無說乎 繹之爲貴).

기뻐하기만 하고 실마리를 찾지 않으며, 따르기만 하고 잘못을 고치지 않는다면 내 그를 어찌할 수가 없다
(說而不繹 從而不改 吾末如之何也已矣).'

주희의 풀이다. '法語란 바르게 말해 주는 것 즉 귀감이 될 만한 훌륭한 말이요, 巽言(손언)이란 완곡하게 인도해 주는 것이다. 繹은 그 실마리를 찾는 것이다. 法語는 사람들이 공경하고 두려워하는 바이므로 반드시 따른다. 그러나 잘못을 고치지 않는다면 외면으로만 따르는 것일 뿐이다. 巽言은 마음에 어긋나거나 거슬리는 바가 없으므로 반드시 기뻐한다. 그러나 실마리를 찾지 않는다면 또한 은미한 뜻의 소재를 알 수가 없는 것이다.' 공자는 잘못을 바로잡는 방법으로 두 가지를 이야기 한다. 하나는 모범(法)을 통해 곧바로 타이르는 것이다. 이 말을 들었을 때는 고치는 것이 중요하다. 또 하나는 에둘러서 점잖게(巽) 타이르는 것이다. 이 경우는 무엇을 고쳐야 하는지 그 실마리(속에 담긴 뜻)를 찾아내는 것(繹)이 중요하다. 결국 기뻐하는 데 그치지 않고 실마리를 찾아야하고, 따르는 데 그치지 않고 잘못을 고쳐가야 한다는 것이다. '改之爲貴'는 (잘못이 있으면) 그것을 고치는 것이 귀중하다의 뜻이다.

14. 공자의 귀신에 대한 생각

'사람을 제대로 섬길 수 없다면 어찌 귀신을 능히 섬기겠는가(未能事人 焉能事鬼)?' – "선진" 11장

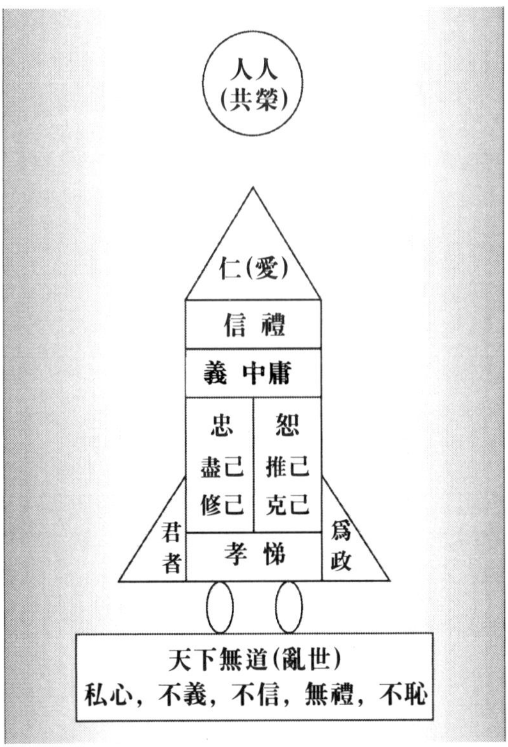

14. 공자의 귀신에 대한 생각

공자는 귀신은 인간의 범위를 넘어서는 것으로 여겨 "술이" 20장에서 '不語怪力亂神'이라 하여 신에 대해서는 언급하지 않았다. "선진" 11장에서도 계로가 죽음에 대해서 묻자 '삶을 모르는데 어떻게 죽음을 알겠는가?'로 답했다. 계로가 귀신의 섬김에 대하여 질문하자 '사람을 제대로 섬길 수 없다면 어찌 귀신을 섬기겠는가?'라고 답했다. 공자는 살아 있는 사람을 정성과 공경으로 모시기를 주문한다. "위정" 24장에서 마땅히 제사를 지내야할 귀신이 아닌데도 거기를 향해 제사를 지내는 것은 아첨이라 했다. "술이" 34장에서 공자의 병이 깊어지자 자로가 신에게 기도할 것을 청하자 공자는 '그럴 필요가 있는가?'라고 반문했다. 즉 그럴 필요가 없다고 여겼다. 공자는 50세에 지천명(知天命)을 하고 그 너머의 일에 대해서는 도모하지 않았다. "옹야" 20장에서 번지가 아는 것(知)에 대해 물었다. 이에 사람이 지켜야할 도의(道義)에 힘쓰고 귀신의 존재는 공경하는 마음으로 인정하면서도 멀리하면 인간사를 아는 경지에 이른다고 답한다.

"술이" 20장에 다음과 같은 말이 나온다.

'공자는 괴력난신에 대해서는 말 하지 않았다
(子不語怪力亂神).'

자로는 용맹(勇猛)만 숭상하고 不好學 했던 전형적인 인물이다.

먼저 괴(怪)는 괴이(怪異)한 일이다. 이는 정도나 이치를 벗어난 것을 말한다. 역(力)은 勇力이다. 용력은 덕과 반대된다. 난(亂)은 패란지사(悖亂之事)로 정의에 어그러지고 정도를 어지럽게 하는 일이다. "학이" 2장에서 '윗사람을 범하기를 좋아하지 않으면서 난을 일으키기를 좋아하는 자는 없다'와 "태백" 2장에서 '용맹하되 禮가 없으면 위아래 없이 문란해진다'고 했다. 신(神)은 귀신(鬼神)이다. 귀신은 인간의 범위를 넘어서는 것이다. 이는 배울 필요가 없는 것에 번잡하게 관심을 갖는 것이다. 이는 배우기를 좋아하지 않는 자들이 흔히 보여주는 폐단이다. 공자는 네 가지를 배움의 대상으로서 적절치 않다고 보았기 때문에 입에 담지 않았다는 뜻이며, 늘 正道와 덕, 올바름과 인간에 대해서만 언급을 했다는 뜻이 된다.

"선진" 11장에서 계로가 귀신을 섬기는 일에 대해 묻자 공자는 이렇게 말했다.

'사람을 제대로 섬길 수 없다면 어찌 귀신을 능히 섬기겠는가 (未能事人 焉能事鬼)?'

계로는 子路를 말하며 政事에 능한 제자로 분류된 바 있다. 여기서 귀신이란 죽은 자를 말한다. 따라서 귀신을 섬긴다는 것은 제사를 모시는 것이다. 공자는 살아 있는 사람을 정성과 공경으로 모시지 못하면서 어찌 죽은 귀신을 정성과 공경으로 모시겠는가라고 반문한다. 또 공자는 다음과 같이 자로의 물음에 대답한다.

'삶을 모르는데 어떻게 죽음을 알겠는가 (未知生 焉知死)?'

주희의 풀이다. '정성과 공경이 사람을 섬기는 데 충분하지 못하면 반드시 귀신을 섬기지 못할 것이고, 처음을 더듬어 찾아 삶의 원리를 알지 못하면 끝을 돌이켜서 죽음의 원리를 알지 못할 것이다. 저승과 이승, 생과 사는 애당초 두 이치가 없으나 다만 배움에는 순서가 있어서 등급을 뛰어넘을 수 없다. 그러므로 공자께서 이와 같이 말씀해 주신 것이다.'

"위정" 24장에서 두 구절의 관계는 일단 앞의 것은 해서는 안 되는 일을 하는 것이고 뒤의 것은 해야 하는데 하지 않는 것이다.

'마땅히 제사를 지내야 할 귀신(其鬼)이 아닌데도 거기를 향해 제사를 지내는 것은 아첨이다 (非其鬼而祭之 諂也).'

이 첫째 구절은 예를 행하기에 앞서 가져야 할 마음자세를 지적하는 것으로 볼 수 있다. 즉 예에 의해 제사를 지내고, 복을 얻기 위해 신에게 아첨하지 말라고 강조한다("팔일" 6장의 '천자나 제후만이 태산에 제사를 지낼 수 있는데 노나라 대부인 季氏가 외람되게도 태산에 제사를 지내려는 것을 보고 한 말이다.).

"술이" 34장은 공자가 큰 병에 걸렸을 때 자로가 기도할 것을 청하자 공자가 만류하는 모습을 묘사하고 있다.

공자가 큰 병에 걸렸다(子疾病).
이에 자로가 공자에게 기도를 할 것을 청하자(子路請禱)

공자는 '그럴 필요가 있는가(子曰 有諸)?' 라고 물었다. 이에 자로는 이렇게 말했다. '필요가 있습니다(子路對曰 有之). 제문(誄)에 말하기를 너를 상하의 신기에게 기도하였다고 하였습니다(誄曰 禱爾于上下神祇).' 공자는 말했다. '만일 그런 이치라면 나는 이미 기도한 지가 오래되었다(丘之禱久矣).'

공자가 큰 병에 걸렸다(원래 疾은 가벼운 병, 病은 위중한 병을 가리켜 서로 구분이 있었지만 여기서 疾은 병으로 病은 위독하다는 뜻으로 쓰였다). 이에 자로가 기도(禱 : 신에게 일을 고하고 이루어지기를 기원함)를 할 것을 청하자 공자는 '그럴 필요가 있는가?'라고 물었다. 기도란 인간을 넘어선 무언가에 비는 것이므로 공자는 귀신에게 비는 것을 받아들이지 않았다. "위정" 24장에서 공자는 '마땅히 제사를 지내야 할 귀신이 아닌데도 거기를 향해서 제사를 지내는 것은 아첨이다'라고 했고, "술이" 20장에서 공자는 '怪力亂神'에 대해 말을 하지 않았다고 했다. 그래서 그럴 필요가 없다고 한 것이다. 이에 자로는 다시 '뇌문(誄文-祭文 : 귀신에게 복을 비는 기도문)에 말하기를 너를 상하의 神祇에게 기도하였다고 하였습니다'라고 말한다. 神은 하늘의 신이고 祇는 땅의 신이다. 그러자 공자는 그런 이치라면 자신은 기도한 지가 이미 오래되었다고 답한다. 공자는 천명을 받아들이고 그 너머의 일에 대해서는 도모하지 않는 게 공자의 정신세계이기 때문이다. 일상에서 道와 仁을 실천하는 모습을 나타내는 문맥이다.

"옹야" 20장에서 齊나라 사람으로 공자의 제자로 이름이 樊須

(번수)인 번지가 問知와 問仁 두 가지 질문을 한다. 번지의 知에 대한 질문에 공자는 이렇게 답했다.

'사람이라면 마땅히 지켜야 할 바(民之義)에 힘쓰고(務) 귀신의 존재는 공경하는 마음으로 인정하면서도 그 실체를 알려고 애쓰지는 않는다(遠之)면 인간사를 아는(知) 경지에 이르렀다(務民之義 敬鬼神而遠之 可謂知矣).'

이에 대해 정이천(程伊川)은 다음과 같이 '사람들이 귀신을 많이 믿으니 이는 미혹된 것이요, 믿지 않는 자는 또 사람의 일을 공경하는 마음이 없으니, 귀신의 존재는 인정하되 멀리할 수 있다면 지자(知者-아는 것 혹은 아는 사람)라'고 풀이한다.

[논어] 편별 내용 요약

1. 학이(學而)편

자기를 닦고(修己) 남을 아는(知人) 문제로 시종(始終)하는 책인 [논어]의 "학이"편은 16장으로 구성되어 있고, 첫 편이므로 근본에 힘쓰도록(務本) 하는 뜻이 많다. 전체 16장을 통하여 인간다움의 요체와 배움, 배움에 앞서 덕행의 수행이 중요함을 설명하고 있다. 또 군자가 갖추어야할 진중함, 배움의 자세 등에 대한 이야기와 군주의 다스림의 중요한 세 가지 요체(敬事而信 節用而愛人 使民而時)를 논하고 있다. "학이"편 전체가 수기(修己)와 지인(知人)에 관한 개괄적 설명이었다.

2. 위정(爲政)편

"위정"편은 24장으로 구성되어 있고 전반적으로 위정(爲政)과 배움을 중심으로 계속 수기(修己)와 치인(治人)이 반복되면서 심화되는 형태로 이야기가 진행된다. 덕치의 중요성을 이야기하고 법치를 하되 덕과 예로써 뒷받침해야 함을 강조하고 있다. 효도에 대하여서는 부모를 봉양할 때는 공경한 마음이 얼굴에 제대로 나타나게 해야 함을 가르친다. 또한 군자의 자세에 대하여 설명하고, 백성을 잘 다스리기 위하여 윗사람이 해야 할 자세에 대한 설명도 있다.

3. 팔일(八佾)편

"학이"편의 배움(學)과 "위정"편의 정치(爲政)의 공통부분이 禮에 의한 통치 즉 예치(禮治)이다. "팔일"편 26장 전체가 예악(禮樂)을 집중적으로 다루고 있다. 고대 중국에서는 예(禮), 악(樂)을 치세(治世)의 근본으로 삼았다. 그래서 무악(舞樂)의 한 이름인 팔일(八佾)을 편명으로 하여 위정(爲政)편 다음에 두었다. 팔일은 여기서 예의(禮儀)을 나타내는 징표가 되고 있다. "팔일"편은 예(禮)를 중심으로 하여 왜 禮가 치세의 기둥인가를 밝히고 있다. 이편에 공자의 예론(禮論)이 있다고 해도 과언이 아니다.

4. 이인(里仁)편

"이인(里仁)"편(篇)은 총 26장으로 되어 있고, 인(仁)에 관한 어록으로 구성되어 있다. "팔일"편 3장에서 '사람이 어질지 못한데 예를 행한들 무엇 할 것이며, 사람이 어질지 못한데 음악을 행해서 무엇 할 것인가?'하여 仁은 바탕(質)이 되고 예악(禮樂)은 외형(形)으로 서로 잘 조응(調應) 해야지 어느 하나만 있어서는 안 된다고 말한다. 즉 예악의 근본으로 인이 중요함을 강조했다. 따라서 "팔일"편에서 예악에 대한 기본적인 논의를 마친 후 바로 이어서 인간적 본바탕이라 할 수 있는 인(어짊)을 논하기 시작했다. 공자는 어짊은 추상적인 개념으로 존재하는 것이 아니라 우리 주변에 실재하고 있는 가장 구체적인 실천행위임을 보여준다. 따라서 "이인"편 전체를 통해서 어짊에 대한 직접적인 구체적 설명은 없으나 각 장을 통하여 어짊을 풀이하고 있다.

5. 공야장(公冶長)편

"공야장"편(篇)은 총 27장으로 되어 있고, 전체적으로 13장까지는 제자에 대한 평가이고 14장부터는 다양한 인물들에 대한 공자의 인물평으로 이뤄져 있다. 이를 통해 공자의 일반적 원리들을 지인지감(知人之鑑)에 활용하는 법을 배울 수 있다. 따라서 공자가 다양한 인물들을 어떤 기준에 따라 어떻게 평가하는 지를 면밀하게 들여다보면 그 것을 통해서 사람 보는 법을 조금이나마 배울 수 있다. 이런 인물평은 자연스레 내 자신을 알아보는 계기를 만들어 준다. 가장 바람직한 인간형은 무엇인가에 대한 의도가 "공야장"편에 숨어 있다.

6. 옹야(雍也)편

"옹야"편은 28장으로 구성되어 있다. 13장까지는 "공야장"편처럼 인물을 평하고 있고, 후반부는 인(仁)과 지(知) 그리고 군자(君子)에 관한 공자의 말씀으로 이루어져 있다. "옹야"편은 특히 공자가 강조한 호학(好學)의 뜻을 이해하는 데 대단히 귀중한 편이다. 20장에서 28장까지는 인에 대한 공자의 설명이다. 제20장은 인에 대한 공자의 설명으로 '어진 사람은 어려운 일을 먼저하고 얻는 것을 뒤에 하니 이렇게 한다면 어질다고 할 수 있다'라고 한다. 제21장도 계속하여 인자에 대한 설명으로 仁者는 樂水이고, 靜하며, 壽한다고 말했다. "안연" 22장에서도 공자는 인에 대하여 '仁은 사람을 사랑하는 것이고, 知는 사람을 아는 것이다'고 말했다.

7. 술이(述而)편

"술이"편은 37장으로 구성되어 있다. 이편의 전반적인 특징은 공자가 자신을 주인공으로 해서 好學 및 학문(學文)하는 방법, 인격을 수양하는 법, 평상시의 모습을 보여준다는 데 있다. 주로 공자의 뜻과 행동을 밝히면서 아울러 현자(賢者)와 군자(君子) 그리고 인자(仁者) 등이 德을 어떻게 행하는지 실펴보게 한다. 이편은 논어에서 꼭 새겨두어야 할 말씀들을 가장 많이 담고 있으며, 공자가 왜 성인(聖人)인가를 살필 수 있게 하는 편이기도 하다.

8. 태백(泰伯)편

"태백"편은 21장으로 구성되어 있고 크게 보면 德(덕)에서 시작해 덕으로 끝난다고 할 수 있다. 제1장에서 공자는 태백이란 인물에 대해 한 마디로 지극한 덕(至德)을 갖춘 인물이라고 평한다. 그 이유는 본문에서 태백은 세 번 천하를 사양했기 때문이다. 제2장에서는 공자가 높게 평가한 네 가지 덕목 즉 恭(공손) 愼(신중) 勇(용감) 直(곧음)에 대한 풀이다. 禮가 뒷받침되지 않는 恭遜, 愼重, 勇敢, 곧음도 각각 폐단이 있음을 공자는 지적하고 있다. 제3 ~ 7장까지 증자와 관련된 내용은 분명 태백의 지덕(至德)을 설명하고 있다. 제8장에서 17장까지는 덕을 갖추는 문제에 대하여 논하고 있다. 제18 ~ 21장까지는 요 순 우 임금과 문왕 무왕 다섯 명의 덕을 살피고 있다.

9. 자한(子罕)편

30장으로 구성되어 있는 "자한"편 전체는 주로 군자의 덕목을 어떻게 배양하고 가르쳐야 하는 것인지를 집중적으로 다루었고, 제27장부터는 완성단계에 이른 군자는 어떠해야 하며 어떤 유형이 있는지 살펴보고 있다. 대체적으로 공자를 모범으로 하여 군자의 바람직한 모습을 그리는 데 목적이 있고, 利, 命, 仁은 그 모습을 구체적으로 그려내는 단서의 역할을 한다. "자한" 27장은 이편 전체를 요약하는 내용이다. 즉 德을 열렬하게 쉬지 않고 닦아 어짊을 키우고 禮樂으로 스스로를 다잡은 사람은 시련을 닥쳤을 때 그 본 모습이 드러나게 되는 것이다. 또 29장에서 공자의 가르침은 궁극적인 인격도야를 통해 경도(經道)를 뛰어 넘는 權道(권도)를 행할 수 있는 경지에 오르려 하는 것이다 하였다.

10. 향당(鄕黨)편

"향당"편은 17장으로 구성되어 있고 공자의 말(言)보다는 모습(行)을 집중적으로 볼 수 있다. 실제 생활에서 공자가 仁을 실천한 모습이 어떠했는지를 확인하게 된다. 즉 작은 일 하나하나에 정성을 다하고 공경을 다하는 공자의 모습을 보는 듯하다. 양시(楊時)는 이편에 대해 다음과 같이 말했다. '聖人(성인)의 道라는 것은 일상생활의 사이에서 벗어나지 않는다. 그러므로 공자의 평소 일동일정(一動一靜)을 제자들이 모두 살펴보고 자세히 기록한 것이다.' "술이" 29장에서 '인이 먼 것이겠는가? 내가 어질고자 하면 이에 어짊은 다가온다'고 한 것과 같이 일상에서 仁을 행하는 공자의 모습을 볼 수 있어 이편은 공자에 대한 사례연구라 할 수 있다. 한편으론 "향당"편이 논어에서 가장 재미없는 편이라는 지적이 많다. 또한 이편에는 어려운 한자와 생소한 표현들이 많이 등장한다.

11. 선진(先進)편

“선진”편은 25장으로 구성되어 있고 앞의 “공야장”과 연결되어 제자들에 대한 평이 많아서 제자들에 대한 사례연구라 할 수 있다. 공자는 君子의 後進보다는 野人의 先進을 선택했다. 문화적으로 볼 때 선진이 오히려 문질의 조화(中和)를 이뤘고, 후진에 와서는 文이 좀 더 강화되었다. 그런데 사람들이 겉치레를 좀 더 중시하다보니 후진의 그것을 멋지다 하고 선진의 그것을 촌스럽다 한 것이다. 그래서 공자는 의도적으로 선진을 선택하고 강조하여 이를 조금이라도 바로잡으려 했던 것이다. 이런 정신은 “선진”편 전체를 관통하는 핵심문맥이기도 하다. 그것은 때와 시대에 맞는 중화(中和), 중용(中庸), 중(中), 화(和)를 찾아내는 시중(時中)의 문맥이며 또한 과불급의 문맥이다.

공자에게는 일반적으로 3천여 명의 제자가 있었다고 전해지는데, 그중 72인이 빼어난 제자 군에 속한다. 하지만 사과(四科 : 德行, 言語, 政事, 文學)에 포함된 십철(十哲)은 그 72명 중에서 걸러진 것이 아니라, 진나라와 채나라에서 공자와 함께 고생을 한 문하생 중에서 걸러진 10인이다. 그 때문에 증자(曾子)와 같은 빼어난 제자는 포함되지 않은 것이다. 德行엔 안연, 민자건, 염백우, 중유요, 言語엔 재아, 자공이요, 政事엔 염유, 계로(자로)요, 文學에는 자유, 자하이다.

12. 안연(顔淵)편

"안연"편은 24장으로 구성되어 있고 안연이 많이 등장하기는 하지만 주제는 仁과 政이다. 말 그대로 修己와 治人의 양대 축이 한 군데 어우러져 다뤄지고 있어 [논어]의 핵심주제를 다루고 있다고 할 수 있다. 제1, 2, 3, 22장에서 제자들의 仁에 대한 질문에 공자의 다양한 대답이 주어졌다. 이어서 제자들의 政에 대한 질문이 계속된다. 마지막에 崇德과 친구를 통한 仁의 배양에 대한 내용으로 끝난다.

안연의 仁에 대한 질문에 공자는 '자기를 이기고 예로 돌아가는 것이 인을 행하는 것(克己復禮爲仁)'이라고 대답했다. 仲弓이 인을 물었다. 공자는 세 가지를 말해준다. 첫째, 집 밖을 나서면 큰 손님을 뵌 듯이 하라. 둘째, 백성을 부릴 때 큰 제사를 지내듯 하라. 공경(恭敬)의 마음가짐을 잃지 말라는 것이다. 셋째, 자신이 하고자 하지 않는 것을 남에게 베풀지 말아야 한다(己所不欲 勿施於人). 총괄적으로 말하면 집 밖에 나갔을 때 공경(恭敬)하고 또 공경하는 마음자세로 사람들을 대하라는 것이다. 사마우의 물음에 간략하게 답한다. '어진 사람은 그 말을 조심하여 함부로 하지 않는다(其言也訒).' 제22장에서 인에 대한 네 번째 질문이 나온다. 번지가 거의 동시에 仁과 知에 관해 묻는다. 공자는 仁에 대해서 '사람을 사랑하는 것이(愛人)'이라고 답하고, 知에 대해서는 '사람을 아는 것(知人)'이라고 말한다.

13. 자로(子路)편

"자로"편은 30장으로 구성되어 있고 정치 자체에 대한 질문(問政)과 정치하는 사람들의 근본적인 태도와 정신을 집중적으로 다룬다. 또 "안연"편과 마찬가지로 몸을 닦는 仁에 관한 문답이 많다. 자로가 政에 대해서 묻는 問政(제1~ 17장)에서 출발해 問仁으로 나아가 君子와 선비(士)의 길을(제18~28장) 이야기하고 다시 問政(제29~30)으로 끝 맺고 있다.

제자들의 정치에 대한 질문에 공자는 먼저 지도자가 솔선하고 게을리 하지 않아야 한다고 말한다(先之, 勞之, 無倦). 보다 구체적으로 '先有司, 赦小過, 擧賢才' 세 가지를 지적한다. 제3장에서 자로가 공자에게 정치를 하시게 되면 먼저 무엇부터 하겠냐는 질문을 한다. 공자는 '반드시 이름부터 바로 잡겠다(正名)'고 답한다.

또 지도자는 스스로의 몸과 마음을 바로 하는 것(正其身)을 하고, 몸가짐에 부끄러움이(恥)이 있어야(行己有恥) 한다고 말한다. 재주만 믿고 자신을 내세우려고만 하지 말고 삼갈 줄 알아야 한다는 뜻으로 공경(恭敬)과 통한다. 또 공자는 사람은 恒心을 가져야 한다고 강조하고, 군자와 소인을 비교하면서 和而不同을 강조한다.

제27장에서는 간명하게 仁에 가까운 사람의 특성을 제시한다. 군자가 이 네 가지(剛毅木訥) 중에서 어느 하나라도 몸에 익힌다면, 이는 어짊에 한 발자국 더 다가간 것이다. 제29장과 30장에서 다시 정치에 대한 이야기로 "자로"편을 마친다. (결국 백성들을 가르치면) 백성들이 윗사람을 친애하고, 관장(官長)을 위하여 죽을 줄을

안다. 그러므로 싸움터에 나아가게 할 수 있는 것이다.' 그 만큼 백성을 가르치는 일은 중요하며 어쩌면 仁政(인정)의 출발점이자 목표는 教民에 있다고 해도 과언이 아니다.

14. 헌문(憲問)편

"헌문"편은 47장으로 구성되어 있고 恥를 단서로 해서 君子와 선비의 정신세계, 즉 仁에 대한 내용이다. 제1장에서 原憲이 공자에게 恥에 대한 질문으로 이편은 시작한다. 恥는 도리에 어긋남을 창피해 하는 것이다. 원헌이 '나라에 도가 있을 때는 가난하고 또 천한 것이 부끄러운 일'이라는 사실을 모르고, 선비는 무조건 가난해야 한다는 고루한 의식에서 벗어나지 못하자 공자가 이를 일깨워줬다는 것이다. 즉 나라에 도가 있을 때는 녹만 먹는데 그치지 말고 도의를 실천하려 애써야 하는 것이다. 제2장에서는 '克伐怨欲(극벌원욕)'을 행하지 않는 것은 단지 克己에 해당되고 仁이 되기는 부족하므로 克己 후에 復禮가 따라야 仁이 될 수 있다고 말하고 있다. 제3장에서 君子에 비해 격이 낮은 존재인 선비(士)라도 거처의 편안함만 생각하고, 즉 克己 하려는데 만 머물지 말고 仁을 구하기 위해서 노력해야 한다고 강조한다. 제1장 '恥'를 시작으로 '克伐怨欲'과 '士而懷居'를 통하여 克己 하려는 데만 머물지 말고 復禮를 통해서 求仁을 향해 나아가기를 원헌에 대한 사례를 통하여 강조하고 있다.

제 4 ~ 7장에서는 말(言)의 중요성을 언급하여 나라에 도가 없을 때는 행동은 당당하게 하되 말은 공손하게 하여 禍를 면하라고 했다. 언행을 삼갈 줄 아는 남용을 사례로 들어서 설명했다. 또 제5장에서 말을 잘하기 위해서는 德을 갖추어야 함을 강조했다. 제7장에서 君子와 小人의 차이를 이야기하고 '남용은 군자이나 仁者가 아니다'라고 말한다.

15. 위령공(衛靈公)편

"위령공"편은 41장으로 구성되어 있고 君子와 仁의 문제가 문맥의 핵심이다. 많은 내용이 군자의 정의, 군자의 길, 군자의 성품 등에 대한 설명으로 주로 修己에 대한 내용이고, 일부는 治人(治國)에 대한 내용도 포함되어 있다.

제1장부터는 修己를 이야기하고 있다. 군자는 곤궁함을 당했을 때에도 정도(正道)를 지켜, 소인이 별의별 짓을 다 하는 것과 다름을 설명하고 있다. 제2장에서는 학문을 하는 데는 요점을 잡아 모든 것을 꿰뚫어야지, 전부를 기억하려는 것은 부당하다고 가르치고 있다.

제10장부터는 안연의 질문에 대답하면서 治人(治國), 즉 爲邦(나라를 다스리는 방법)을 말한다. 공자는 천문(天文 : 천체에서 일어나는 여러 가지 현상)과 문물제도, 그리고 예악을 갖춘 다음에 군자를 가까이 하고 소인을 멀리하는 것이 나라를 다스리는 것(爲邦)의 요체임을 안연에게 일러주고 있다.

제17 ~ 22장까지는 군자를 말한다. 군자에 대한 비교적 상세한 정의라 할 수 있다. 義란 일을 제어하는 근본이므로 그를 바탕과 줄기로 삼아, 행동할 때는 반드시 예절에 맞게 하며, 표현할 때는 반드시 겸손으로써 하며, 이루기는 반드시 성실하게 해야만 군자의 도이다. 제23장에서는 군자가 되려면 반드시 지키기 위해 노력해야 하는 지침 한 마디를 물어본 것이다. 공자는 '그것은 다름 아닌 서(恕)다'라고 말한다. 제32장에서 공자는 군자의 길을 포괄적이면서 단계적으로 제시하고 있다. 道에 대한 知는 仁으로 지켜야 하고, 仁으로 지킨 도는 莊의 외양을 띠고서 타인에게 베풀어야 한다는 것이다.

16. 계씨(季氏)편

"계씨"편은 14장으로 구성 되어 있고 政事 또는 爲政에 대한 설명이다. 그러나 제1장에서 이야기한 염유와 염구의 구체적인 잘못을 사례로 최고통치자의 爲政이 아니라 권력자를 모시는 從政의 도리를 계씨편 전체를 통하여 점검하고 있다.

일단 제1 ~ 3장은 천하무도의 상황에서 정치를 한다는 것은 도대체 무슨 의미인지를 묻고 있다고 볼 수 있다. 노나라 왕실이 미약해져 정권이 대부의 손에 떨어진 것과 대부가 사신에세 붙잡힌 것을 개탄하고 있다. 염유에 대한 가혹한 비판과 염유의 문제점, 즉 변명과 자기 합리화에 두어져 있음을 주목할 필요가 있다.

제4 ~ 10장까지는 군자의 도리에 대하여 설며하고 있다. 먼저 제4장에서 유익한 친구와 손해가 되는 친구를 구별하여 신중히 선택하여 사귀라고 말하고 있다.

17. 양화(陽貨)편

"양화"편은 26장으로 구성 되어 있고 사이비(似而非) 어진 이를 분별해 내는 문제를 집중적으로 다루고 있다.

제1, 5, 7장에서 공자가 양화, 공산과 필힐의 정치참여 권유에 흔들린 것은 공자의 마음속에 올바른 정치를 펼쳐보고 싶은 강렬한 열망이 있었기 때문이라고 할 수 있다. 모두 공자가 긍정적 의미의 權道를 행한 사례들이다. 제2 ~ 4장에서 사람은 습(習)을 통하여 후천적으로 선악이 달라지는 것이라고 설명한다. 자로는 공자의 이 같은 깊은 뜻을 제대로 이해하지 못하고 있었다. 자로는 순진하고 직선적이어서 융통성은 부족했던 제자이다. 제6장에서 자장이 인에 대해 묻는다. 공자는 다섯 가지로 공손(恭), 너그러움(寬), 믿음(信), 민첩함(敏), 은혜로움(惠)을 꼽는다. 순서로 보더라도 공손(恭)이 가장 중요하다. 그러고 나서 공자는 하나하나씩 뜻풀이를 해준다. 제8장에서 배움(學)이 뒷받침되지 않는 仁, 知, 信, 直, 勇, 剛의 폐단을 하나씩 일깨워 준다. 이 여섯 가지는 공자의 핵심가르침인 오상(五常=仁義禮智信)과 대부분 겹친다는 점에서 오상이라는 常道(항상 변하지 않는 도리)에 대비되는 權道의 길을 보여준 것이라 할 수 있다.

제9장에서 시의 일반적인 효능에 대해 이야기했고, 제10장에서는 시를 배웠을 때와 그렇지 않았을 때의 차이를 구체적으로 보여준다. 앞 장에서 詩를 배우는 것을 이야기 하고 제11장에서는 이제 禮樂을 다룬다. 이 장에서는 겉만 번지레하고 속은 볼품없는 것을 말하고 있다. 이후에는 진짜와 가짜를 가리는 일 중에서 가장 어려운 것은 진짜와, 진짜와 거의 비슷하되 진짜가 아닌 것(似而非)을 가려내는 일이다. 지금 문맥은 知人의 관점에서 보자면 진정한 仁者와 겉으로만 仁者인 척하는 사람을 가려내는 지극히 어려운 문제를 다루고 있다.

18. 미자(微子)편

"미자"편은 11장으로 구성 되어 있고 진정한 어진 이를 다룬다. 처음(제1 ~ 4장)에는 미자, 유하혜, 공자의 사례를 통하여 나라에 道가 없을 때 관직을 버리는 것의 중요성을 강조하고 있다. 중간쯤(제5 ~ 9장)에서는 세상을 완전히 버리는 隱者나 逸民의 문제점을 비판한 다음 다시 세상의 도를 회복하는 문제를 이야기했다. 그리고 10장에서는 반전으로 어떠해야 세상에 도가 갖춰졌다고 할 수 있는지에 대한 대안이 되는 네 가지 큰 원칙을 周公이 제시하고 있다. 제11장에서는 周나라에서 벼슬하여 어질다는 평가를 얻은 8형제 선비를 언급하면서 "미자"편을 마감한다. 이들은 逸民과는 거리가 멀고 오히려 공자가 생각하는 선비상에 가까웠던 인물들이다.

19. 자장(子張)편

“자장”편은 25장으로 구성 되어 있고 제자의 말을 모아놓은 어록집이다. 일종의 부록이라고 볼 수 있다. 내용상으로 子夏의 말(제4장부터 13장까지)이 가장 많고 그 다음이 子貢의 말(제20장부터 25장까지)이다. 증자(제16장부터 19장까지)와 자장의 말(제1장부터 3장까지)도 일부 있다. 주희는 자공에 대해 이렇게 말하고 있다. ‘공자의 문하에 안연 이후로는 영특함이 자공만 한 이가 없고, 증자 이후로는 독실함이 자하만 한 이가 없다.’

제1장부터 3장까지는 子張이 주인공이다. 제1장과 2장에서는 자장이 선비가 갖춰야할 덕목에 대한 이야기를 하고 있다. 제3장에서는 자하의 제자와 자장의 문답을 여기 실어놓음으로써 다음 장부터 등장하는 자하와 자장을 간접적으로 비교한다. “선진” 15장에서 공자는 ‘자장은 지나치고 자하는 미치지 못한다’고 평한다. 즉 자장과 자하는 과유불급(過猶不及) 고사의 양대 주인공인 셈이다.

제4장부터 13장까지는 배움과 군자의 자질을 갖추는 것에 대한 子夏의 말이다. 제14장부터 15장까지는 子游의 말이다. 제16장부터 19장까지는 曾子의 말이다. 제20장부터는 子貢의 말이다. 제22장부터 끝까지는 주로 공자와 제자들의 관계에 대한 제3자의 언급이 중심 주제다. 공자가 세상을 떠나자 공자의 제자들과 친분이 있던 사람들이 공자에 대한 이런저런 궁금증을 자공에게 언급하는 것이다.

20. 요왈(堯曰)편

"요왈"편은 3장으로 구성 되어 있고 제1장에서 최고 통치자의 爲政에 대해서 말하고 있다. 즉 너그러우면 뭇사람들을 얻게 되고(寬), 믿음을 주면 백성들이 신임하고(信), 민첩하면 공이 있고(敏), 공정하면(公) 기뻐한다.

제2장에서는 중간자의 정치참여를 의미하는 종정(從政)에 관한 설명으로 다섯 가지 아름다움을 높이고 네 가지 惡을 물리치면 제대로 정치에 종사할 수 있다고 말한다. 다섯 가지의 아름다움은 첫째는 백성에게 은혜를 베풀되 허비하지 않고(惠而不費), 둘째는 백성을 수고롭게 하되 원망을 사지 않고(勞而不怨), 셋째는 하고자 하되 탐하지 않고(欲而不貪), 넷째는 태연하되 교만하지 않고(泰而不驕), 다섯째는 위엄스럽되 사납지 않은 것이다(威而不猛). 물리칠 네 가지 악은 '(미리) 가르치지 않고서 (죄를 지었다고) 죽이는 것을 잔학이라 하고, (미리) 경계하지 않고 결과만 책하는 것을 포악이라 하고, 명령을 태만하게 늦추고서 기한을 재촉하는 것을 도적이라 하고, 어차피 사람들에게 주어야 하는 것은 똑같은데 출납에 인색한 것을 창고지기라고 한다'이다.

제3장에서 군자가 알아야 할 세 가지를 말했다. 첫째, 명을 알지(知命) 못하면 군자가 될 수 없다. 둘째, 예를 알지(知禮) 못하면 설 수가 없다. 셋째, 말을 알지(知言) 못하면 그 사람을 알 수 없다.

공영(共榮) 사회로 인도하는 길

2019년 1월 3일 초판 인쇄
2019년 1월 8일 인쇄 발행

저 자 장종훈
발 행 인 송기수
발 행 처 도서출판 GS인터비전
편 집 처 도서출판 GS인터비전
인 쇄 처 GS인터비전
등록번호 제 25100-2016-000050 호
I S B N 979-11-5576-259-2(03190)

주 소 서울 은평구 증산로 15길 69 2층
전 화 02-976-7898
팩 스 02-6468-7898
홈페이지 gsintervision.co.kr
E-Mail gsinter7@gmail.com

정 가 18,000원